... Títulos relacionados

IFCD0110 CONFECCIÓN
Y PUBLICACIÓN DE PÁGINAS WEB

[DISPONIBLE CERTIFICADO COMPLETO]

Solicítalos en:
- Librería
- www.paraninfo.es
- Solicitudes nacionales +34 914 463 350
- Solicitudes fuera de España +34 913 308 907, +34 913 308 919

Elaboración de hojas de estilo
UF1303

Javier Mejías Real

© 2024 Ediciones Paraninfo, S. A.
© 2024 Javier Mejías Real

Maquetación: Ediciones Nobel

Impresión: Liberdigital (Casarrubuelos, Madrid)
ISBN: 978-84-283-6278-8
Depósito legal: M-8177-2024

Impreso en España

Autor

Javier Mejías Real es ingeniero en Informática. Tras unos años trabajando como desarrollador *software* especializado en el desarrollo web, actualmente ejerce su labor profesional como docente, donde lleva más de 12 años impartiendo clases en el campo de las ciencias de la computación, la criptografía, la ciberseguridad, la programación, la arquitectura de las computadoras, el diseño web y el desarrollo *software*.

Índice

Introducción normativa

La Ley Orgánica 3/2022, de 31 de marzo, de ordenación e integración de la Formación Profesional, contiene una disposición derogatoria única que afecta a la regulación de los certificados de profesionalidad, ahora denominados **Certificados Profesionales.** La referida normativa deroga la Ley Orgánica 5/2002, de 19 de junio, de las Cualificaciones y de la Formación Profesional, y abre un escenario de cambios que se irán implementando progresivamente.

La Ley Orgánica 3/2022, de 31 de marzo, de ordenación e integración de la Formación Profesional implica que toda la formación es acumulable. La oferta formativa se estructura de forma escalonada, siendo los Certificados Profesionales un nivel intermedio (Grado C) de una escala que va desde el Grado A hasta el E.

En los artículos 35 a 38 de la Ley 3/2022 se describe en qué consisten estos Certificados Profesionales: su oferta, formación asociada, estructura, duración, acceso, titulación y validez. Posteriormente, esta normativa se completa con lo dispuesto en el Real Decreto 659/2023, de 18 de julio, que desarrolla la ordenación del sistema de Formación Profesional. Concretamente en los artículos 67 a 81 es donde se hace referencia a la oferta formativa de Grado C, correspondiente a los Certificados Profesionales.

Están agrupados en 26 familias profesionales con características comunes del sector. En la actualidad hay más de medio millar de Certificados Profesionales incluidos en el Repertorio Nacional. Esta cifra no deja de crecer. Además, cada certificado está específicamente regulado por un real decreto.

Un Certificado Profesional corresponde al Grado C de la oferta del Sistema de Formación Profesional. Es un documento oficial, con validez en todo el territorio nacional y debe constar en el Catálogo Nacional de Ofertas de Formación Profesional, que certifica la capacitación para el desarrollo de una actividad profesional.

Debe detallar los módulos profesionales superados y los estándares de competencia profesional asociados a él e incluidos en el **Catálogo Nacional de Estándares de Competencias Profesionales**, así como su correspondencia con el Marco Español de Cualificaciones.

Despliegan su validez en un doble ámbito, laboral y académico:

- En el contexto laboral tienen validez profesional, porque acreditan las competencias en una determinada profesión. Para poder trabajar en algunas profesiones, se exigen determinadas cualificaciones, y los certificados sirven para acreditarlas.

- Asimismo, tienen validez académica, puesto que permiten continuar un itinerario formativo siempre que se cumplan los requisitos de acceso para cursar la titulación deseada. De tal modo que, los Certificados Profesionales que sean parte de un Grado D permitirán la matrícula modular para completar los módulos establecidos en el currículo y obtener el correspondiente título de técnico básico, técnico o técnico superior con validez en todo el territorio nacional.

Para obtener un Certificado Profesional (Grado C) es preciso cumplir con los requisitos de acceso para realizar la formación.

Estructura de los Certificados Profesionales

I. Identificación: denominación, familia y área profesional a la que pertenecen; nivel de cualificación profesional (1, 2 o 3); cualificación profesional de referencia; entorno profesional y módulos formativos que esté previsto cursar junto con la duración de cada uno de ellos.

II. Perfil profesional: incluye las competencias profesionales requeridas en el mercado laboral. En todas ellas se concretan las realizaciones profesionales y los criterios de realización.

III. Formación: describe los módulos formativos que esté previsto cursar para adquirir las competencias requeridas. En cada uno de ellos se indican las capacidades que se pretende alcanzar y la duración del módulo de prácticas no laborales —PNL—, para el que cabe solicitar exención si se cumplen determinados requisitos.

IV. Prescripciones de las personas formadoras.

V. Requisitos mínimos de espacios, instalaciones y equipamiento.

Los Certificados Profesionales se identifican con una denominación concreta y un código alfanumérico propio, y sirven para acreditar una determinada cualificación profesional. Cada certificado está asociado a una relación de unidades de competencia que, a su vez, se vinculan con una serie de módulos formativos específicos. Algunos módulos están integrados por unidades formativas y tanto unos como otras son, en ocasiones, transversales, lo que significa que se trata de contenidos incluidos en más de un Certificado Profesional.

Los Certificados Profesionales se articulan en tres niveles de competencia profesional (1, 2 y 3) conforme a lo dispuesto en el que será el Catálogo Nacional de Estándares de Competencias Profesionales, anteriormente Catálogo Nacional de Cualificaciones Profesionales (CNCP), según los criterios establecidos de conocimientos, iniciativa, autonomía y complejidad de las tareas, en cada una de las ofertas de Formación Profesional.

La oferta formativa dirigida a la obtención de los Certificados Profesionales tiene carácter modular para favorecer la acreditación parcial acumulable de la formación recibida y posibilitar así el avance en el itinerario de Formación Profesional para cualquiera que sea la situación laboral de cada persona en cada momento.

En definitiva, el Grado C constituye la oferta, parcial y acumulable, del sistema de Formación Profesional, de varios módulos profesionales del catálogo modular de Formación Profesional por razón de su significado en el mercado laboral y conducente a la obtención de un Certificado Profesional.

Las ofertas de Grado C de Formación Profesional tendrán por objeto módulos profesionales incluidos previamente en el catálogo modular de formación profesional y asociados al Catálogo Nacional de Estándares de Competencias Profesionales.

Finalidad de los Certificados Profesionales

- Contribuir a la ordenación de un Sistema de Formación Profesional al servicio de un régimen de formación y acompañamiento profesionales que sea capaz de responder con flexibilidad a los intereses, expectativas y aspiraciones de cualificación profesional de las personas a lo largo de su vida.

- Combinar escuela y empresa situando a la persona en el centro del sistema.

- Facilitar el aprendizaje permanente de toda la ciudadanía mediante una formación abierta, flexible y accesible, estructurada de forma modular, a través de la oferta formativa asociada al certificado.

- Acreditar las cualificaciones profesionales o las unidades de competencia recogidas en estas, independientemente de su vía de adquisición, bien sea través de la vía formativa, o mediante la experiencia laboral o vías no formales de formación.

- Favorecer, tanto a nivel nacional como europeo, la transparencia del mercado de trabajo.

- Contribuir a la calidad de la oferta de Formación Profesional.

Este libro

El presente libro desarrolla la Unidad Formativa denominada *Elaboración de hojas de estilo,* UF1303.

Dicha unidad formativa está asociada a la Unidad de Competencia UC0950_2, forma parte del Módulo Formativo MF0950_2: *Construcción de páginas web,* perteneciente a las Cualificaciones Profesionales de referencia IFC297_2, de nivel 2, incluida en el Certificado de Profesionalidad denominado IFCD0110 *Confección y publicación de páginas web,* dentro de la familia profesional Informática y comunicaciones.

Según el Real Decreto 1531/2011, de 31 de octubre, modificado por el RD 628/2013, de 2 de agosto, los contenidos que en esta obra se recogen se corresponden con una duración de 70 horas.

Tanto la estructura como el desarrollo del libro se ajustan al citado real decreto y más concretamente a los contenidos de la Unidad Formativa que le da título *Elaboración de hojas de estilo.*

Contenidos

1. **Hojas de estilo en la construcción de páginas web.**
   - Funciones y características:
     — Descripción de estilos.
     — Utilización de estilos.
     — Los estilos en el lenguaje de marcas.
     — Los estilos con herramientas de edición web.
   - Hojas de estilo y accesibilidad:
     — Adecuación de las hojas de estilos.
   - Tipos de estilo: incrustados, enlazados, importados, en línea:
     — Descripción de los tipos de estilo.
     — Enlazar una hoja de estilo externa a un documento HTML.
     — Incrustar un estilo dentro de un documento HTML.
     — Importar una hoja de estilo desde un documento HTML.
     — Importar una hoja de estilo, a través de un archivo con estilos.
     — Utilización y optimización de los tipos de estilos.

- Selectores y reglas de estilo:
  - Estructura de los estilos.
  - Sintaxis básica de estilos.
  - Utilización de elementos y seudoelementos.
  - Utilización de clases y seudoclases.
- Atributos de estilo para fuentes, color y fondo, texto y bloques (párrafos):
  - Descripción de los atributos de estilo.
  - Utilización de los atributos de estilo.
- Creación de ficheros de estilo:
  - Definición de los ficheros de estilo.
  - Creación de ficheros de estilo genéricos.
  - Adaptación de los ficheros de estilo para distintas páginas web.

2. **Diseño, ubicación y optimización de los contenidos de una página web.**
   - Creación de un documento funcional:
     - Descripción de los objetivos de la página web.
     - Definición de los elementos funcionales de la página web.
     - Descripción de cada elemento.
   - Diseño de los contenidos.
   - Identificación de la información a ubicar en la página web.
   - Selección de contenidos para cada elemento de la página.
   - Utilización del documento funcional para las especificaciones del diseño.
   - Tipos de página para la ubicación de contenidos.
   - Definición de los tipos de página en base a los contenidos y funcionalidades.
   - Selección de los tipos de página para la página web.
   - Utilización del documento funcional para las especificaciones del tipo de página.
   - Especificaciones de navegación.
   - Creación de un mapa de navegación de páginas.
   - Utilización del documento funcional para integrar el mapa de navegación.

- Elementos utilizados para la navegación.
  — Definición de los elementos utilizados para navegar.
  — Utilización del documento funcional para especificar los elementos de navegación.
- Elaboración de una guía de usuario.

■ Nota del Editor

En Ediciones Paraninfo estamos comprometidos con la calidad de la formación e intentamos que nuestros materiales respondan fielmente y con rigor a las necesidades de todos cuantos confían en nuestro sello editorial.

Tratamos de dar respuesta a los currículos de las unidades formativas y de los módulos que integran los distintos Certificados Profesionales, equilibrando la parte teórica con la práctica para que los procesos de aprendizaje se conviertan en experiencias gratificantes, tanto para docentes como para las personas inmersas en los procesos formativos.

Nuestros objetivos son contribuir de forma decisiva a afianzar aprendizajes, ayudar a adquirir destrezas que tengan significado para el empleo y conseguir potenciar el desarrollo personal.

Para lograrlo contamos con excelentes autores, expertos en las materias que abordan, en la mayoría de los casos docentes de dichas especialidades con dilatada experiencia tanto profesional como académica, porque buscamos perfiles familiarizados con los contextos laborales concretos a los que se refieren nuestros manuales.

Confiamos en poder serte de ayuda y esperamos tus impresiones acerca de nuestro trabajo. Sean positivas o negativas, serán muy bien recibidas y, sin duda, nos ayudarán a seguir mejorando y trabajando con ilusión para continuar siendo un referente en formación para el empleo.

Agradecemos tu confianza en nuestros manuales. Todo nuestro equipo queda a tu total disposición. Puedes contactar con nosotros en esta dirección de correo electrónico:

info@paraninfo.es

1. Hojas de estilo en la construcción de las páginas web

Contenido

1.1. Funciones y características

1.1.1. Descripción de estilos

Los estilos nos permiten modificar el aspecto de nuestras páginas web de forma que estas puedan ser mucho más atractivas para el usuario, más accesibles y usables. Incluso podemos cambiar la forma en la que se muestra la web en función de si nos estamos conectando con un móvil, una *tablet* o un ordenador (esto se conoce como diseño *responsive* o diseño adaptativo). Cuando hablamos de aspecto nos referimos a la forma en la que se ve la página web en nuestro navegador (Mozilla Firefox, Chrome, Safari, Internet Explorer).

Para que quede más claro la importancia de los estilos en la web, vamos a verlo con un ejemplo. A continuación vamos a mostrar la misma página web vista con estilos y sin ellos.

Fig. 1.1. Página web de Instagram vista con estilos
en un navegador de ordenador.

Fig. 1.2. Página web de Instagram vista en una *tablet* y un s*martphone*.

Y a continuación veríamos cómo se nos mostraría esa misma página web sin estilos:

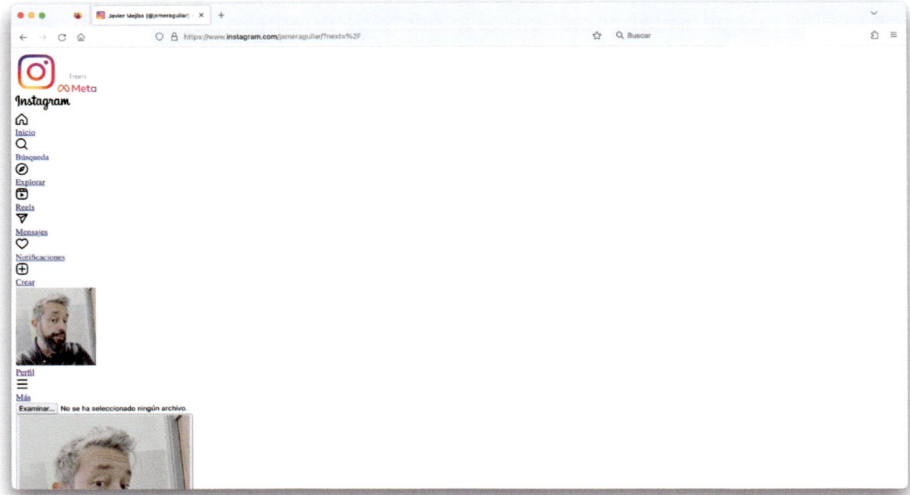

Fig. 1.3. Página web de Instagram vista sin estilos.

1.1.2. Utilización de estilos

Gracias a los estilos podemos tener páginas web mucho más vistosas y atractivas. En muchas ocasiones, la página web puede ser la tarjeta de presentación de una marca, negocio o empresa, de ahí la importancia del aspecto. Con estilos podemos conseguir diseños adaptables para que pueden ser consultadas con independencia de si la visualizamos a través de un ordenador, un móvil o una *tablet*.

> El diseño *responsive* (diseño web adaptable) permite que la visualización de las páginas web se adapte al dispositivo que se esté utilizando para visualizarlas, y esto es posible gracias a los estilos.

Además de mejorar nuestro aspecto y hacer que nuestras web puedan visualizarse en cualquier dispositivo electrónico. Con los estilos podemos aumentar la usabilidad de la web (hacerla más fácil de usar), así como más accesibles, de forma que pueda acceder a ellas un mayor número de personas, independientemente de sus capacidades técnicas, cognitivas o físicas.

A la hora de diseñar una página web, lo primero que tenemos que hacer es identificar toda la información que vamos a mostrar en nuestra página. Si nuestra página va a ser dinámica, es decir, va a permitir cambios continuos de la información, tendremos que identificar el tipo y las zonas en las que se va a ubicar cada tipo de información.

Una vez hemos identificado el "Qué queremos mostrar", tenemos que proceder al "Cómo queremos que se muestre"; para ello, tendremos que definir los estilos gráficos de nuestra página.

La definición de estilos se puede hacer de tres formas:

- Incrustados: los estilos se definen en el mismo fichero de HTML, pero de forma claramente separada de la definición de elementos HTML.

- Enlazadados o importados: los estilos se definen en archivos externos al código HTML.

- En línea: la definición se hace en los mismos elementos HTML.

En los próximos epígrafes profundizaremos en la utilización de estilos en nuestras páginas HTML.

1.1.3. Los estilos en el lenguaje de marcas

Como ya sabrá el lector, los lenguajes de marcas son lenguajes que permiten escribir documentos de forma estructurada utilizando etiquetas. El lenguaje de marcas más utilizado en el diseño web es el HTML *(HyperText Markup Language)*.

> **¿SABÍAS QUE** el lenguaje HTML fue inventado por Tim Berners-Lee, trabajador del CERN (organización europea para la investigación nuclear), para poder compartir documentos de forma más rápida y eficaz?

Dentro de dicho lenguaje de marcas, se pueden incrustar los estilos asociados a cada etiqueta. Esta técnica no es recomendable, ya que siempre optaremos por utilizar hojas de estilo CSS escritas en archivos diferentes de la página web. ¿Por qué nos decantaremos por utilizar hojas de estilo? Fácil, utilizando hojas de estilo podemos separar la información que mostramos al lector, que se mostrará en la página web escrita en HTML, del aspecto en el que se mostrará dicha información, que se indicará en ficheros de hojas de estilo usando el lenguaje CSS (todo esto se verá de forma más detallada en los siguientes epígrafes, por lo que pedimos al lector un poco de paciencia, ya que lo irá descubriendo de forma progresiva).

Imaginemos que queremos escribir un párrafo en nuestra página web en rojo, como ya sabrá el lector, para escribir un párrafo tenemos la etiqueta *<p>* y todo lo que vaya entre la etiqueta de párrafo de apertura *<p>* y la de cierre *</p>* constituirá un párrafo.

Si queremos que nuestro párrafo se muestre de color rojo, podríamos asignar el estilo al párrafo en la misma etiqueta, quedando de la siguiente forma:

```
<p style="color:red;">Este párrafo se mostrará en rojo</p>
```

Si quisiéramos modificar el estilo de los párrafos mediante hojas de estilo, sería de la siguiente forma:

```
p{
    color:red;
}
```

En el primer caso, solamente tendría la letra de color rojo el párrafo escrito en el ejemplo, mientras que de la segunda forma se escribirían con la letra en rojo todos los párrafos de nuestra página web, salvo aquellos que de forma explícita le añadan un estilo específico como el visto. Más adelante veremos cómo se podría, mediante hojas de estilo, modificar el color de un único párrafo.

En definitiva, cuando diseñemos nuestras páginas web, tendremos que diferenciar dos aspectos: por un lado, la información que queremos mostrar en la página, información que se incluirá en una página HTML y, por otro lado, como queremos que se muestre dicha información, que será incluida en hojas de estilo CSS. De esta forma, separaremos el aspecto gráfico de nuestra web del contenido, por lo que podremos modificar el contenido de la misma sin necesidad de tocar el estilo y viceversa.

1.1.4. Los estilos con herramientas de edición web

En el diseño web, al igual que en la vida cotidiana, existen numerosas herramientas que nos facilitarán nuestro trabajo a la hora de diseñar los estilos de nuestra página web. Algunas nos ayudarán a crear estilos de forma automática, otras a analizar páginas web ya diseñadas y otras a buscar los fallos que hemos cometido a la hora de diseñarlas.

A continuación, vamos a describir algunas de estas herramientas que pueden ser de utilidad.

Herramientas web de los propios navegadores

Hoy en día los navegadores web más extendidos (Chrome, Mozilla Firefox, Microsoft Edge y Safari) incorporan sus propias herramientas para el diseño web. En la mayoría de los casos vienen instaladas por defecto y solo tenemos que activarlas a través de las opciones de configuración de los mismos.

Estas herramientas nos permiten multitud de funciones, como por ejemplo: inspeccionar los elementos de nuestra página web, modificar los estilos de nuestra web en tiempo de ejecución (recordando que no estamos modificando la web original y que cuando recarguemos la página todo volverá a estar como antes), desactivar las hojas de estilo para ver cómo se vería nuestra web sin ellas, etc.

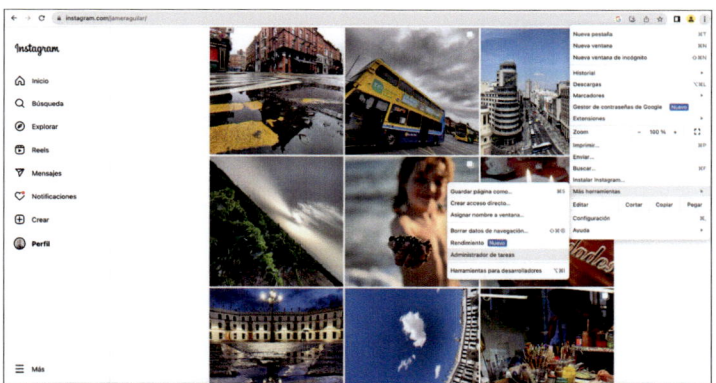

Fig. 1.4. Cómo acceder a las herramientas para desarrolladores desde Chrome.

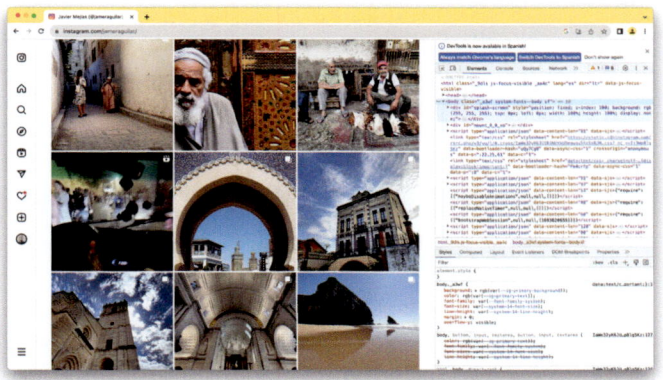

Fig. 1.5. Herramientas de desarrolladores de Google Chrome.

IDE de desarrollo web

Un IDE (*Integrated Development Environment*) es un entorno de desarrollo integrado que facilita a los programadores las labores de desarrollar código *software* de una manera eficiente. Muchos IDE incluyen herramientas adicionales que facilitan el desarrollo *software,* como pueden ser la automatización de código, el resaltado de sintaxis, la finalización del código fuente mediante texto predictivo o la gestión de proyectos.

Existen infinidad de IDE, algunos de código abierto, para múltiples lenguajes, para distintas plataformas, etc. Un IDE generalmente está compuesto por un editor de código, una herramienta de automatización y un depurador. Algunos de los IDE más populares son Visual Studio Code, Brackets, Notepad++ o Sublime Text, todos ellos compatibles con CSS y HTML.

Veamos algunos ejemplos de cómo se muestran las hojas de estilo CSS en los distintos entornos de desarrollo.

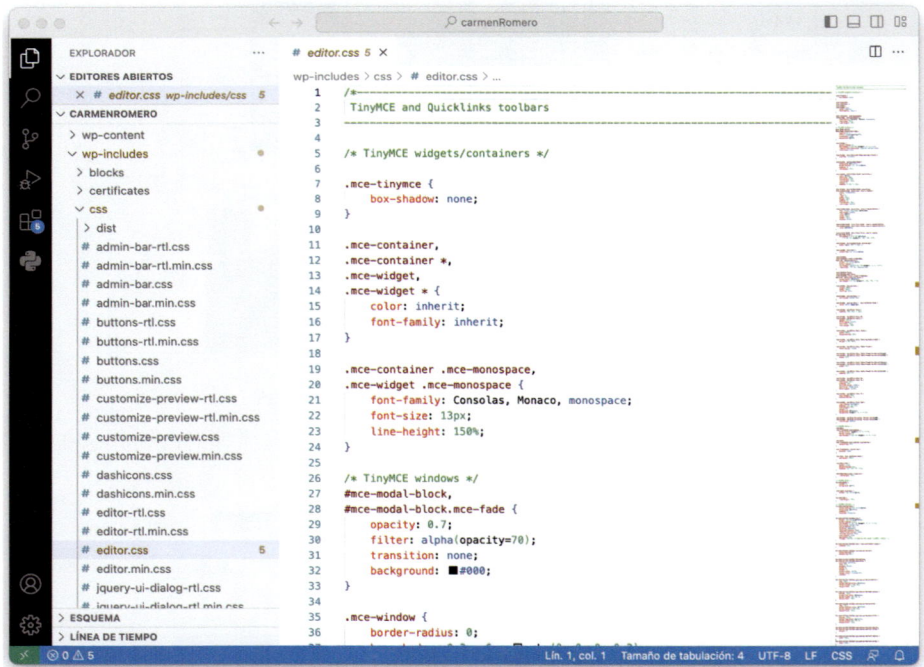

Fig. 1.6. Código CSS en el IDE Visual Studio Code.

La ventaja de utilizar IDE es que nos facilita la labor de programación, mostrando las palabras clave de los distintos lenguajes resaltadas de un color determinado, lo que facilita la "lectura" del código fuente.

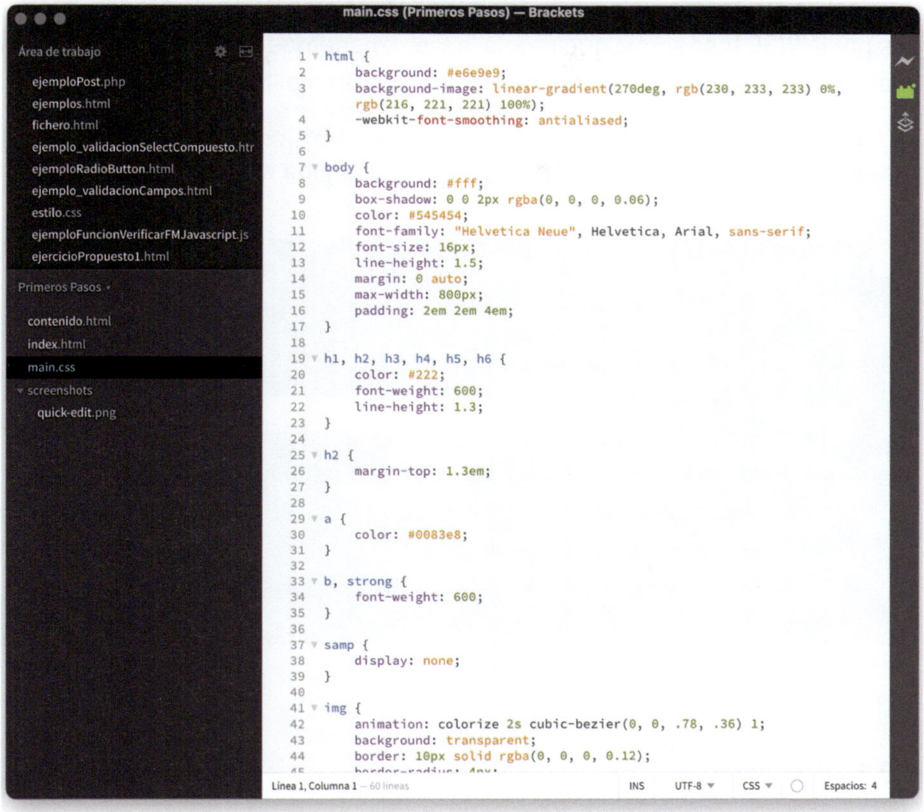

Fig. 1.7. Código CSS en el IDE Brackets.

Son muchos los entornos de desarrollo que existen para trabajar con hojas de estilo, por eso dejamos en manos del lector el estudio de los mismos y recomendamos que utilice el que mejor se adapte a sus necesidades y más fácil de utilizar le resulte.

1.2. Hoja de estilo y accesibilidad

Cuando hablamos de accesibilidad en la web, nos referimos al acceso universal en la web, independiente del tipo de *hardware, software,* infraestructura de red, idioma, cultura, localización geográfica y capacidades de los usuarios.

Aplicando hojas de estilo podemos mejorar la accesibilidad de nuestras páginas web. Por ejemplo, podríamos crear una hoja de estilo que mostrara el texto en mayor tamaño y con colores de alto contraste, para aquellas personas con visibilidad reducida.

Para saber si nuestra web cumple con los estándares de accesibilidad marcados por la W3C (consorcio que regula la web), podemos utilizar algunas herramientas *online* que nos indican los niveles de accesibilidad.

En este sentido tenemos la página https://www.tawdis.net/ que permite revisar de forma *online* la accesibilidad de nuestra página web.

Fig. 1.8. Proyecto Taw del CTIC.

1.2.1. Adecuación de las hojas de estilo

Aunque la web es cada vez más compleja, a la hora de hacer hojas de estilo, existen unas pautas básicas propuestas por el W3C. El seguimiento de dichas normas no asegura al cien por cien la consecución de una página accesible; sin embargo, es muy recomendable ceñirse a estos patrones, ya que nos puede ayudar a lograrlo.

A continuación vamos a indicar cuáles son dichas pautas:

- Intente utilizar el menor número de hojas de estilo en cada web.

- Intente utilizar hojas de estilo enlazadas, evitando utilizar estilos incrustados y en línea.

- Para indicar el tamaño de la letra, utilice "em", en lugar de "píxeles" (em es una unidad relativa, respecto al tamaño de letra del elemento).

- Si tenemos varias hojas de estilo, evitaremos las normas duplicadas y los conflictos.

- Utilizaremos medidas relativas. Evitaremos la utilización de medidas absolutas, salvo que sea imprescindible.

- Siempre que sea posible, utilizaremos un texto alternativo. Por ejemplo, en el caso de las imágenes, utilizaremos el atributo *alt,* para incluir un texto alternativo a la imagen. Estos textos serán leídos por los lectores de pantalla para personas invidentes o con visión reducida.

- Intente utilizar un tipo de letra genérico.

- No utilice elementos que no estén marcados como estándares por la W3C, como por ejemplo Blink o Marquee.

- Evite representar el texto con imágenes. Utilice las hojas de estilo para conseguir textos atractivos.

- Indique los colores con números en lugar de con letra. Por ejemplo, el rojo sería #f13d1aen hexadecimal, frente a utilizar un nombre en inglés (*red*).

- Intente crear páginas web con colores que faciliten su lectura. Evite transmitir información solo con colores.

- Maquete el contenido de su web mediante hojas de estilo. Nunca utilice tablas para maquetar, ya que un lector de pantalla detectará la información como el contenido de una tabla sin serlo.

- Verifique que la información de su página puede leerse sin problemas si se desactiva la hoja de estilo.

- Realice un desarrollo *responsive* de su web, es decir, desarrolle distintas hojas de estilo que adapten su página a las características de los distintos dispositivos en los que pueda ser visualizada.

1.3. Tipos de estilo: incrustados, enlazados, importados y en línea

1.3.1. Descripción de los tipos de estilos

Los estilos que apliquemos en nuestra web pueden clasificarse en cuatro tipos, en función de dónde especifiquemos dichos estilos.

Podemos hablar de tipos de estilo incrustados, enlazados, importados y en línea. Aunque todos tienen al final el mismo resultado, es conveniente utilizar cada uno de ellos en función de cada caso.

Estilo incrustado

Los estilos incrustados son aquellos que van definidos en la misma página web, dentro de las etiquetas de cabecera (<head>) y entre las etiquetas <style>. Veamos un ejemplo:

```
<html>
<head>
<style type="text/css">
   h1{
       color: red;
       font-size: 40px;


   }
</style>
</head>
<body>
   <h1>Bienvenidos a la web</h1>
</body>
</html>
```

Estilo enlazado

El estilo enlazado permite incluir los estilos de nuestra página en ficheros pro-pios de estilo, que tendrán la extensión CSS. Para poder ser utilizada la hoja de estilo, tendrá que ser referenciada entre las etiquetas <head> de nuestra web de la siguiente forma:

```
<link rel="stylesheet" type="text/css" href="hojaEst.css">
```

Siendo **rel="stylesheet"** la etiqueta que indica que vamos a referenciar una hoja de estilo, **type="text/css",** que va a ser de tipo CSS y **href="hojaEstilo.css"** el nombre y la ruta de la hoja de estilo.

Estilos importados

A veces nos puede ser útil importar en nuestra web un estilo ya definido. Para ello podemos hacer uso de la palabra reservada @import. La importación po-demos hacerla dentro de una hoja de estilo, o bien dentro de los estilos in-crustados de nuestra web.

Estilos en línea

Los estilos en línea permiten dar formato a elementos particulares en el pro-pio código HTML.

Imaginemos que queremos declarar un h2 de color azul y con el tamaño de la letra a 20 píxeles, con el estilo en línea se definiría de la siguiente forma:

```
<h2 style="color:blue;font-size:20px;">Bienvenidos a la web</h2>
```

El estilo solo afecta a ese titular, ya que la definición va en la misma etiqueta.

1.3.2. Enlazar una hoja de estilo externa a un documento HTML

El estilo enlazado permite incluir los estilos de nuestra página en ficheros propios de estilo, que tendrán la extensión CSS. Para poder ser utilizada la hoja de estilo, tendrá que ser referenciada entre las etiquetas <head> de nuestra web de la siguiente forma:

```
<link rel="stylesheet" type="text/css" href="hojaEst.css">
```

Siendo **rel="stylesheet"** la etiqueta que indica que vamos a referenciar una hoja de estilo, **type="text/css"** que va a ser de tipo CSS y **href="hojaEstilo.css"** el nombre y la ruta de la hoja de estilo.

Veamos cómo quedaría un ejemplo, con estilos referenciados:

```
<html>
<head>
<link rel="stylesheet" type="text/css" href="hojaEstilo.css">
</head>
<body>
    <h1>Bienvenidos a la web</h1>
</body>
</html>
```

Siendo el contenido de "**hojaEstilo.Css**" el siguiente:

```
h1{
    color: red;
    font-size: 40px;


}
```

Y quedando la página web con el siguiente aspecto:

Fig. 1.9. Aspecto de la web mostrada como ejemplo.

Los estilos enlazados, aunque pueden parecer más laboriosos al principio, son la opción más recomendable. Al tener los estilos en hojas independientes del código HTML, conseguimos separar la información que se va a mostrar del cómo queremos mostrarla. Además, podemos conseguir páginas web mucho más homogéneas, ya que una modificación en una hoja de estilo afectaría a todas las páginas que los incluyeran, por lo que no tendríamos que ir haciendo sucesivas modificaciones en nuestro código HTML.

1.3.3. Incrustar un estilo dentro de un documento HTML

Los estilos incrustados son aquellos que van definidos en la misma página web, dentro de las etiquetas de cabecera (<head>) y entre las etiquetas <style>. Veamos un ejemplo:

```
<html>
<head>
<style type="text/css">
h1{
    color: red;
    font-size: 40px;


}
</style>
</head>
<body>
    <h1>Bienvenidos a la web</h1>
</body>
</html>
```

Quedando de la siguiente forma:

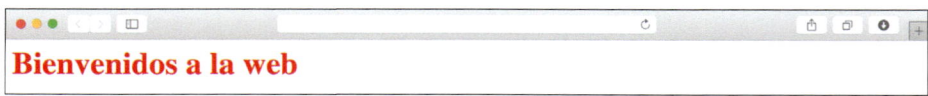

Fig. 1.10. Aspecto de la web mostrada como ejemplo.

El utilizar estilos incrustados nos da rapidez a la hora de codificar la página, pero son muchos más los inconvenientes; por ejemplo, los estilos definidos de forma incrustada solo sirven para la página en la que han sido definidos, por lo que si nuestro portal consta de varias páginas, que es lo más normal, en cada una de ellas tendríamos que insertar el estilo que queremos usar, o de lo contrario no nos serviría el ya definido. Por otra parte, si queremos que nuestro portal tenga un estilo homogéneo, tendríamos que insertar en todas las páginas el estilo, y en caso de querer hacer alguna modificación, tendríamos que modificar todas las páginas, por insignificante que esta fuera.

1.3.4. Importar una hoja de estilo desde un documento HTML

Para importar una hoja de estilo desde un documento HTML tenemos que hacer uso de la palabra reservada @import. La importación podemos hacerla dentro una hoja de estilo, o bien dentro de los estilos incrustados de nuestra web.

Imaginemos que queremos importar una hoja de estilo que se llama "**estiloExterno.css**", que se encuentra en la URL www.midominioweb.es/estiloExterno.css, tendríamos que utilizar la siguiente sentencia:

```
@import url(http://www.midominioweb.es/estiloExterno.css);
```

En el caso de que la hoja de estilo se encuentre en un directorio local, como por ejemplo, estilo/estiloExterno.css, la sentencia quedaría de la siguiente forma:

```
@import url(estilo/estiloExterno.css);
```

Dicha importación debe de ir al comienzo comienzo de nuestro estilo incrustado.

IMPORTANTE: En caso de que una regla esté definida dos veces, una en la hoja importada y otra en nuestro estilo, prevalecerá la de nuestro estilo. En el caso de que haya definido un estilo en línea, este siempre prevalecerá a cualquier otro estilo.

Veamos un ejemplo de cómo se haría una importación de estilos:

```
<html>
<head>
   <style type="text/css">
   @import url(hojaEstilo.css);
   h1{
      color:yellow;
```

```
        }
    </style>

</head>
<body>
    <h1>Bienvenidos a la web</h1>
</body>
</html>
```

Siendo el contenido de hojaEstilo.css el siguiente:

```
h1{
    color: red;
    font-size: 40px;

}
```

Antes de ver cómo quedaría la página, vamos a detenernos un poco. Vemos que en el estilo incrustado y en la hoja de estilo importada se crea una norma para el elemento h1. Vemos que hay dos normas contradictorias, ya que en el código incrustado definimos **color: yellow** y en la hoja CSS importada tenemos la norma **color:red**. ¿Cuál prevalece? Prevalece la última norma definida, que sería la incrustada, ya que la importación es lo primero que tenemos que hacer, por lo que, en caso de conflicto, **prevalece la norma del código incrustado frente al código importado**. Por otra parte vemos que en la hoja de estilo definimos **font-size:40 px**, que no entraría en conflicto con ninguna normativa, en este caso la etiqueta h1 tendría el texto de color amarillo y el tamaño de la letra de 40 píxeles, quedando de la siguiente forma:

Fig. 1.11. Aspecto de la página web usada como ejemplo.

Esta técnica se utiliza para importar reglas desde otra hoja de estilo.

1.3.5. Importar una hoja de estilo a través de un archivo con estilos

Si antes veíamos cómo importar una hoja de estilos dentro del código incrustado en el HTML, ahora veremos cómo también podemos hacer una importación desde el fichero externo de definición de estilos.

Habría que utilizar la palabra clave @import junto con la ruta del fichero que queremos importar. Ahora dicha importación irá en la hoja de estilo CSS que vayamos a utilizar en nuestra web.

> Recomendamos no utilizar estilos importados, ya que supone una doble llamada al servidor, con el consiguiente aumento de carga a la hora de visitar nuestra web.

1.3.6. Utilización y optimización de los tipos de estilos

A la hora de definir estilos en nuestra página web existen algunas normas para optimizar la utilización de estos. Para ello, es conveniente seguir una serie de normas:

- No utilizar estilos importados, ya que esto supone una doble llamada al sistema, con el consiguiente aumento del tiempo de carga.

- Evitar la definición de estilos en línea e incrustados, ya que estos solo afectan a una página o ítem en concreto y nos dificultan conseguir una homogeneidad en nuestra web además de no separar la información de la forma en la que esta se visualice.

- Separar en hojas de estilo diferentes en función del dispositivo al que vayan destinado, es decir, si tenemos una web que se muestra de una forma en un dispositivo móvil y de otra en una computadora, tener separados los estilos que afecten al dispositivo móvil de los que afecten a la computadora.

- No utilizar unidades de medida absolutas.

- Escribir las hojas de estilo teniendo en cuenta las buenas prácticas aconsejables en cualquier lenguaje de programación: código bien documentado, claro, limpio, indentado, etc.

- Eliminar aquellas reglas que no se utilicen.

1.4. Selectores y hojas de estilo

1.4.1. Estructura de los estilos

A la hora de definir un estilo en CSS debemos de indicar con el selector a qué elemento o elementos afectará dicho estilo. Por ejemplo, en la siguiente definición:

```
h1{
    font-size:1.5em;
}
```

El selector sería **h1** y esa norma afectaría a todos los h1 que definamos en la web en la que se incluya el mismo (siempre y cuando no definamos un h1 con un estilo en línea).

1.4.2. Sintaxis básica de estilos

Los estilos CSS funcionan sobre la base de reglas. Cada regla viene definida por un selector, que indicará a qué elementos afecta dicha regla, y por la declaración de la regla.

La declaración de la regla está compuesta por una o más propiedades con sus respetivos valores.

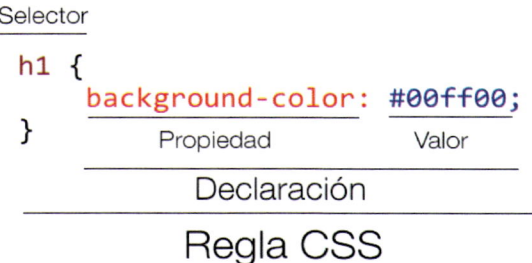

Fig. 1.12. Propiedades de una regla CSS.

De forma básica, podemos encontrar los siguientes selectores a la hora de definir reglas:

Selector universal

El selector universal es el * (asterisco). La función de dicho selector es la de seleccionar todos los elementos del documento y aplicarle las propiedades definidas en dicha regla.

Por ejemplo:

```
*{
    color: #911199;
}
```

La regla anterior afectará a todos los elementos de la web que no definan una regla de forma explícita, y su función es poner en color #911199 las letras de nuestra página web.

El selector universal tiene muchas más ventajas. Imaginemos que tenemos el siguiente código en nuestra web:

```
<div>
    <h1>Bienvenidos a la web</h1>
    <p>Gracias por acceder de nuestro gran proyecto
    personal.</p>
</div>
```

Si definiéramos la siguiente regla:

```
div *{
    font-style:bold;
    color: #911199;
}
```

Sería lo mismo, en el código HTML anterior, que si escribiésemos la siguiente regla:

```
div h1, div p
{
    font-style:bold;
    color: #911199;


}
```

La web tendría el siguiente aspecto:

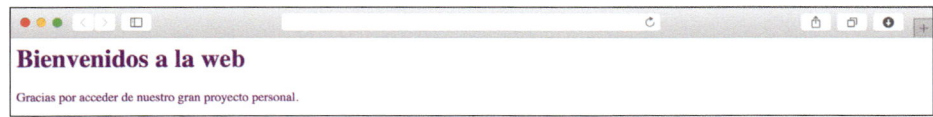

Fig. 1.13. Aspecto de la web usada como ejemplo.

Si el código HTML tuviera otros elementos distintos a h1 y a p, la regla de estilo definida si utilizamos la opción div * afectaría a todos los elementos, mientras que la regla div h1, div p, solo afectaría a los elementos de tipo h1 y de tipo p definidos dentro de un div.

Selectores de etiquetas HTML

Cualquier etiqueta HTML puede servir de selector. De esta forma, cuando utilicemos una etiqueta HTML como selector, afectará a todos los objetos de ese tipo que definamos en nuestra web siempre y cuando no se defina una regla explícita para dicho elemento.

Veamos un ejemplo:

```
h1
{
    font-size: 2em;
    font-style: italic;
}
```

Esa regla afectará a todos los h1 (título de nivel 1) que definamos en nuestra web.

Selectores de clase

Los selectores de clase permiten definir estilos para aquellas etiquetas cuyo atributo *class* sea el nombre del selector utilizado.

Los selectores de clase van precedidos por un punto (.).

Imaginemos que queremos mostrar un mensaje de error en nuestra web. Por usabilidad, dicho mensaje podría mostrarse de color rojo. Para ello, podríamos definir la clase "error" y asignarle en la hoja de estilo la siguiente regla:

```
.error
{
    color: #ff0000;
}
```

En el código HTML podríamos definir los párrafos con los mensajes de texto de error de la siguiente manera:

```
<p class='error'>¡Error! No ha introducido bien sus datos.</div>
```

De esta forma, el texto *"¡Error! No ha introducido bien sus datos"*, se mostraría de color rojo (#ff0000).

Podemos hacer más restrictivo aún este tipo de selectores. Imaginemos que queremos definir una norma que solo afecte a una etiqueta dentro de una clase, podríamos hacerlo utilizando el siguiente selector: *.nombreClase etiqueta.*

Imagina que tenemos el siguiente código en nuestra web:

```
<div class='texto'>
    <p>Y, viéndole don Quijote de aquella manera, con
muestras de tanta tristeza, le dijo: Sábete, Sancho, que
no es un hombre más que otro si no hace más que otro.
Todas estas borrascas que nos suceden son señales de
que presto ha de serenar el tiempo y han de suceder-
nos bien las cosas; porque no es posible que el mal ni
el bien sean durables, y de aquí se sigue que, habiendo
durado mucho el mal, el bien está ya cerca. Así que, no
debes congojarte por las desgracias que a mí me suceden,
pues a ti no te cabe parte dellas.Y, viéndole don Qui-
jote de aquella manera, con muestras de tanta tristeza,
le dijo: Sábete, <span>Sancho</span>, que no es un hom-
bre más que otro si no hace más que otro. Todas estas
borrascas que nos suceden son señales de que presto ha
de serenar el tiempo y han de sucedernos bien las co-
sas; porque no es posible que el mal ni el bien sean du-
rables, y de aquí se sigue que, habiendo durado mucho el
mal, el bien está ya cerca. Así que, no debes congojarte
por las desgracias que a mí me suceden, pues a ti no</p>
</div>
```

Si queremos que la palabra *Sancho* aparezca en cursiva y en rojo, nos basta-ría con definir la siguiente regla:

```
.texto span
{
    font-style:italic;
    color: #ff0000;
}
```

Quedando el párrafo en nuestra web de la siguiente forma:

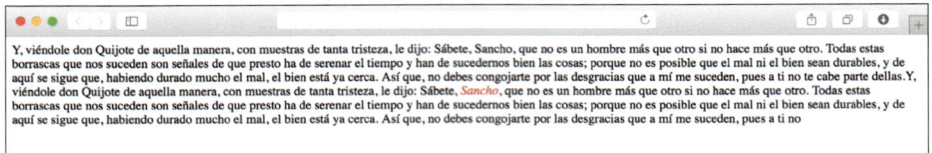

Fig. 1.14. Aspecto de la web usada como ejemplo.

> La etiqueta **<span></span>** permite aplicar un estilo a una parte específica de un texto dentro de un elemento de bloque como puede ser un párrafo, afectando solo al texto que va dentro de la etiqueta **<span>**.

Selectores ID

Los selectores ID son los más específicos, ya que afectan a un único elemento de la página web, puesto que no puede haber más de un elemento con el mismo ID.

Para definir la regla, el selector ID viene precedido por el símbolo #.

Imaginemos que queremos definir en nuestra web una cabecera, que será única, podríamos definirla como una capa de la siguiente forma:

```
<div id='cabecera'>……</div>
```

Podríamos definir la siguiente regla, utilizando como selector el ID cabecera:

```
#cabecera
{
    background-color: #ff0000;
    height: 100px;
    width: 100px;

}
```

Al igual que ocurre con los selectores de tipo *class,* podemos definir una regla con los selectores de ID que afecten a un elemento definido dentro del propio ID.

Veamos un ejemplo de código HTML:

```
<div id='textoPrincipal'>
    Y, viéndole don Quijote de aquella manera, con mues-
tras de tanta tristeza, le dijo: Sábete, Sancho, que no
es un hombre más que otro si no hace más que otro. To-
das estas borrascas que nos suceden son señales de que
presto ha de serenar el tiempo y han de sucedernos bien
las cosas; porque no es posible que el mal ni el bien
sean durables, y de aquí se sigue que, habiendo durado
mucho el mal, el bien está ya cerca. Así que, no debes
congojarte por las desgracias que a mí me suceden, pues
a ti no te cabe parte dellas.Y, viéndole don Quijote de
aquella manera, con muestras de tanta tristeza, le dijo:
Sábete, <span>Sancho</span>, que no es un hombre más que
otro si no hace más que otro. Todas estas borrascas que
nos suceden son señales de que presto ha de serenar el
tiempo y han de sucedernos bien las cosas; porque no es
posible que el mal ni el bien sean durables, y de aquí
se sigue que, habiendo durado mucho el mal, el bien está
ya cerca. Así que, no debes congojarte por las desgra-
cias que a mí me suceden, pues a ti no
</div>
```

Si queremos que el texto esté justificado y que las palabras que estén dentro de las etiquetas <span> aparezcan con otro formato diferente al del resto del párrafo, podríamos definir las siguientes reglas:

```
#textoPrincipal
{
   text-align: justify;


}
#textoPrincipal span
{
   font-style:italic;
   color: #ff0000;
}
```

Quedando el párrafo de la siguiente forma:

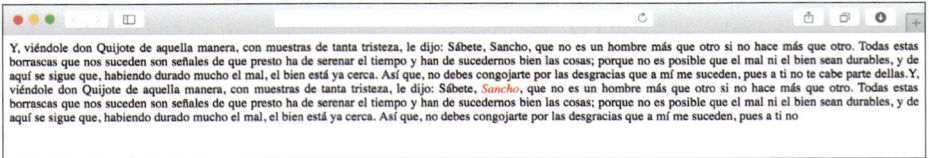

Fig. 1.15. Aspecto de la web usada como ejemplo.

La diferencia entre un ID y una CLASE radica principalmente en la exclusividad. Los ID tienen que ser únicos por página, no puede haber dos etiquetas con el mismo ID, mientras que las clases pueden repetirse. Por otra parte, las reglas de estilo que se definen para los ID tienen mayor prioridad frente a las normas definidas para las clases; en caso de conflicto, prevalecerá la norma que se definió con el selector ID.

Selectores de contexto

Los selectores de contexto permiten definir reglas de estilo para los elementos en función de la posición que ocupen con respecto a otros.

Existen tres tipos de selectores de contexto:

Selector1 selector2 .... selectorN

Los selectores van uno a continuación de otro, separados por espacios en blanco.

```
div p span{
    font-style:italic;
    color: #ff0000;

}
```

Si queremos incluir comentarios en nuestras hojas CSS, este tendrá que ir dentro de los siguientes símbolos /**/

/*Esto es un ejemplo de comentario*/

Esta regla afectaría a los objetos de tipo *span* que estén dentro de un párrafo (p) que a su vez esté dentro de una capa (div).

Selector1+selector2

Los selectores van uno a continuación de otro separados por el símbolo +.

```css
div+span
{
    background-color:#fabc11;
}
```

Afecta a los elementos de tipo 'span' definidos inmediatamente después de un elemento de tipo 'div'. Por ejemplo:

```html
<div>
    <h1>Titulo de ejemplo</h1>
    <span> A este NO afectaría</span>
</div>
<span> A este SI afectaría</span>
<p><span>A este NO afectaría</span></p>
```

Fig. 1.16. Aspecto de la web utilizada como ejemplo.

Selector1>selector2

Los selectores van uno a continuación de otro separados por el símbolo >.

```css
div>span
{
    background-color:#9812ff;
}
```

Afecta a todos los elementos de tipo 'p' cuyo padre es un elemento de tipo 'div'. Veamos algunos ejemplos:

```
<div>
    <h1>Titulo de ejemplo</h1>
    <span> A este SI afectaría</span>
</div>
    <span> A este NO afectaría</span>
<div>
    <p><span>A este NO afectaría</span></p>
</div>
```

Quedando el código anterior con el siguiente aspecto en nuestra web:

Fig. 1.17. Aspecto de la web utilizada como ejemplo.

Selector1~selector2

Afecta a los elementos de tipo selector2 que están definidos a raíz de la primera definición de selector1.

```
p ~ ul {
    background: #992233;
}
```

Para la norma anterior, si tuviéramos la siguiente página web:

```
<h1>Carta</h1>
<ul>
    <li>Cazón en adobo</li>
    <li>Chipirones fritos</li>
    <li>Mojama de barbate</li>
</ul>
```

```
<p>Carnes</p>
<ul>
    <li>Carrillada</li>
    <li>Ternera</li>
    <li>Presa ibérica</li>
</ul>

<h2>Postres</h2>
<ul>
    <li>Café</li>
    <li>Tarta</li>
    <li>Fruta</li>
</ul>
```

Quedaría la web de la siguiente forma:

Fig. 1.18. Aspecto de la web utilizada como ejemplo.

1.4.3. Utilización de elementos y seudoelementos

Si los selectores de elementos nos permiten aplicar un estilo a un elemento determinado, como por ejemplo a un párrafo (p) o a un vínculo (a) o a una capa (div), los seudoelementos nos permiten acceder a una parte específica de dicho elemento, como por ejemplo a la primera letra del párrafo.

Los seudoelementos van precedidos de :: y del elemento al que afectan. En CSS encontramos los siguientes seudoelementos:

::first-line

El selector de seudoelemento *::first-line* permite definir una regla de estilo que afecte a la primera línea de texto de un elemento. Veamos un ejemplo de utilización de dicho seudoelemento. Vamos a definir una regla por la cual pondremos el tamaño de la letra de la primera línea al doble.

```
p::first-line
{
font-size:2em;
}
```

Veamos cómo quedaría el siguiente código de HTML con el estilo anterior:

```
<p>
Una mañana, tras un sueño intranquilo, Gregorio Samsa
se despertó convertido en un monstruoso insecto. Estaba
echado de espaldas sobre un duro caparazón y, al alzar
la cabeza, vio su vientre convexo y oscuro, surcado por
curvadas callosidades, sobre el que casi no se aguanta-
ba la colcha, que estaba a punto de escurrirse hasta el
suelo. Numerosas patas, penosamente delgadas en compa-
ración con el grosor normal de sus piernas, se agitaban
sin concierto. - ¿Qué me ha ocurrido? No estaba soñando.
</p>
```

Quedando en la web de la siguiente forma:

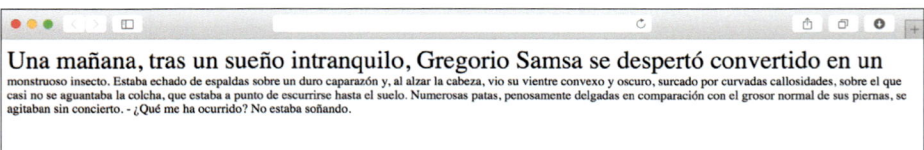

Fig. 1.19. Aspecto de la web utilizada como ejemplo.

::first-letter

El selector de seudoelemento *::first-letter* permite definir una regla de estilo que afecte a la primera letra del elemento. Imaginemos que queremos que la primera letra de los párrafos tenga un tamaño del doble que el resto de letras, bastaría con definir el siguiente estilo:

```
p::first-letter
{
font-size:2em;
}
```

```
<p>
Una mañana, tras un sueño intranquilo, Gregorio Samsa
se despertó convertido en un monstruoso insecto. Estaba
echado de espaldas sobre un duro caparazón y, al alzar
la cabeza, vio su vientre convexo y oscuro, surcado por
curvadas callosidades, sobre el que casi no se aguanta-
ba la colcha, que estaba a punto de escurrirse hasta el
suelo. Numerosas patas, penosamente delgadas en compa-
ración con el grosor normal de sus piernas, se agitaban
sin concierto. - ¿Qué me ha ocurrido? No estaba soñando.
</p>
```

Veamos cómo quedaría en el siguiente código de HTML:

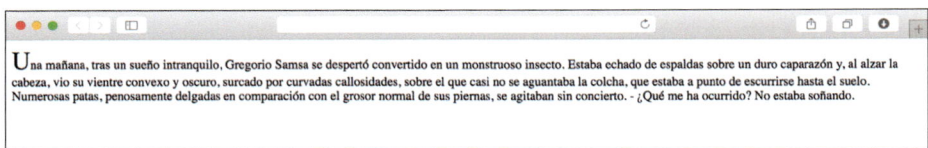

Fig. 1.20. Aspecto de la web utilizada como ejemplo.

::before

Este seudoelemento permite introducir contenido antes de cada elemento que se defina asociado al mismo.

Imaginemos la siguiente regla:

```
p::before
{
content:'Importante:';
}
```

Dicha regla incluiría el texto "Importante:" antes de cada párrafo.

Vemos cómo quedaría para el siguiente ejemplo HTML:

```
<p>
El seudo-elemento ::before no está disponible en Inter-
net Explorer 7
</p>
```

Quedando nuestra página de la siguiente forma:

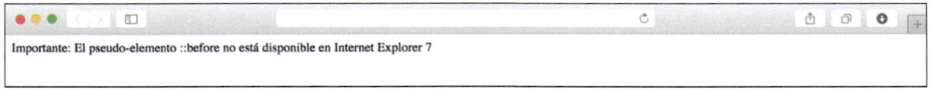

Fig. 1.21. Aspecto de la web utilizada como ejemplo.

::after

El seudoelemento *::after* permite añadir contenido después de cada elemento que se defina asociado al mismo.

```
p::after
{
content:'-Gabriel García Márquez-';
font-style: italic;
}
```

La regla anterior aplicada en el siguiente código HTML:

```
<p>
«En cualquier lugar que estuvieran, recordaran siempre
que el pasado era mentira, que la memoria no tenía cami-
nos de regreso, que toda primavera antigua era irrecupe-
rable, y que el amor más desatinado y tenaz era de todos
modos una verdad efímera».
</p>
```

Quedaría de la siguiente forma:

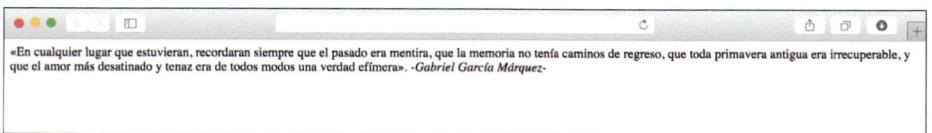

Fig. 1.22. Aspecto de la web utilizada como ejemplo.

1.4.4. Utilización de clases y seudoclases

Si los seudoelementos afectan a una parte de un elemento, como por ejemplo a la primera letra de un párrafo, las seudoclases permiten definir estilos que afectan a un estado del elemento. Una seudoclase puede utilizarse para definir un estilo que afecte a un elemento cuando se pase el ratón por encima de él, o que afecte a un vínculo que ha sido visitado alguna vez.

Las seudoclases que encontramos en CSS son las siguientes:

:link

Afecta a los enlaces no visitados.

```
a:link
{
color: #00a5a7;
}
```

La norma anterior pone la letra de los vínculos de color #00a5a7 (turquesa).

:visited

Con este selector de seudoclases podemos definir reglas para los enlaces que ya han sido visitados.

```
a:visited
{
    color: #fbfe0b;
}
```

:hover

Con este selector podemos definir una regla que afecte a los ítems sobre los que se encuentra el puntero del ratón.

```
a:hover
{
    color: #5b0303;
text-decoration: underline;
}
```

La regla anterior cambiaría el color de los vínculos y mostraría una línea bajo el texto del mismo al pasar el ratón.

EJEMPLO PRÁCTICO

En el siguiente caso práctico vamos a crear un sistema de navegación mediante pestañas para nuestras páginas web.

Código HTML

```
<ul class="pestanas">
    <li class="itemSeleccionado"><a href="index.
    php">Inicio</a></li>
    <li class="item"><a href="album.php">Albumes</a></li>
    <li class="item"><a href="videos.php">Videos</a></li>
    <li class="item"><a href="blog.php">Blog</a></li>
    <li class="item"><a href="about.php">Sobre el Autor</
    a></li>
</ul>
```

Código CSS

```
ul{
    margin:0;
    padding:0;
    list-style:none;
}
ul li{

    margin-bottom: 10px;
    list-style:none;
}
ul li a {
    font-family: Arial;
    font-size:24px;
    text-decoration: none;
    float:left;
    padding: 10px;
    color: #7b7b7b;
    font-weight: lighter;
}
```

```
ul li a:hover {
    color: #5b0303;
    text-decoration: underline;
}
ul li.itemSeleccionado a{
    color:#000;
}
```

Resultado

Inicio Albumes Videos **Blog** Sobre el Autor

Figura 1 de la sección 1.4.4. Aspecto del menú creado con hojas de estilo.

:focus

Esta seudoclase permite definir una regla para el ítem seleccionado.

```
input:focus
{
background-color: #2fa700;
}
```

La regla anterior coloreará de color verde los *inputs* seleccionados. Veamos cómo quedaría en un ejemplo HTML:

```
<form>
Nombre: <input type="text" name="firstname"><br>
Apellidos: <input type="text" name="lastname">
</form>
```

Fig. 1.23. Aspecto de la web propuesta como ejemplo.

:active

Esta seudoclase permite definir una regla que afecta a un ítem justo en el instante en el que es activado por el usuario; por ejemplo, cuando se hace clic de ratón sobre un determinado elemento de la página web. El instante en el que se aplique dicho estilo puede llegar a ser imperceptible, puesto que solo dura el tiempo que mantengamos el clic de ratón.

```
input:active
{
    background-color: orange;


}
```

La regla anterior rellenaría el *input* de color naranja justo en el instante en el que hagamos clic sobre él. Cuando dejemos de hacer clic, volverá a su estado inicial, o si se queda activado, pasará a tener el estilo definido en la seudoclase *:focus*.

:target

En HTML podemos hacer vínculos internos dentro de la misma página. Con el selector *:target* podemos aplicar una regla a la última zona accedida a través del *link* interno.

Veamos un ejemplo: creamos tres secciones en nuestra página web, las cuales van a estar vacías de contenido, ya que no es el cometido de este ejemplo.

```
<a href="#seccion1">Ir a sección 1</a>
<a href="#seccion2">Ir a sección 2</a>
<a href="#seccion3">Ir a sección 3</a>

<div id="seccion1">Sección 1</div>
<div id="seccion2">Sección 1</div>
<div id="seccion3">Sección 1</div>
```

Si creamos una regla como la que indicamos a continuación:

```
:target {
    background-color: #00a5a7;
}
```

Cada vez que hiciéramos clic en uno de los vínculos de las secciones, se nos rellenaría el fondo de la misma de color #00a5a7, quedando con el siguiente aspecto:

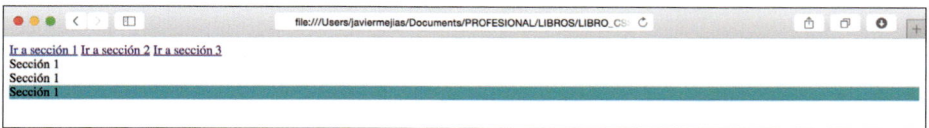

Fig. 1.24. Aspecto de la web propuesta como ejemplo.

:first-child

La seudoclase *:first-child* permite definir reglas que afectan al selector al que va asociada siempre que sea el primer elemento definido dentro del nodo padre al que pertenezca. Por ejemplo, en el caso de definir la siguiente regla:

```
p:first-child
{
background-color: #3ba1a6;
}
```

Veamos con un ejemplo en HTML a qué elementos afectaría y a cuáles no:

```
<body>

<p>A este párrafo SI le afecta puesto que es hijo del
nodo padre body</p>

<h1>Bienvenido a mi web</h1>
<p>A este párrafo NO le afecta puesto que h1 no tiene
item considerados como hijos.</p>

<div>
    <a href="pepito.com">Vínculo</a>
    <p>A este párrafo NO le afecta puesto que el primer
    nodo hijo dentro del div es un vínculo con 'a'</p>
</div>
<div>
<p>A este párrafo SI le afecta</p>
<p>A este párrafo NO le afecta</p>
</div>

</body>
```

Quedando la web anterior de la siguiente forma:

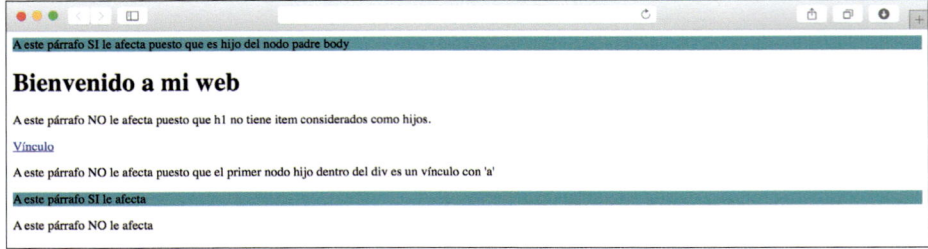

Fig. 1.25. Aspecto de la web propuesta como ejemplo.

:last-child

La seudoclase *last-child* permite definir una regla de estilo a aquellos elementos que sean los últimos hijos de su padre.

```
p:last-child
{
background-color: #3ba1a6;


}
```

Veamos cómo la regla anterior afectaría al siguiente código HTML:

```
<body>

<p>A este párrafo NO le afecta.</p>

<h1>Bienvenido a mi web</h1>
<p>A este párrafo NO le afecta.</p>

<div>
    <a href="pepito.com">Vínculo</a>
    <p>A este párrafo SI le afecta.</p>
</div>

<div>
<p>A este párrafo NO le afecta</p>
<p>A este párrafo SI le afecta</p>
</div>

</body>
```

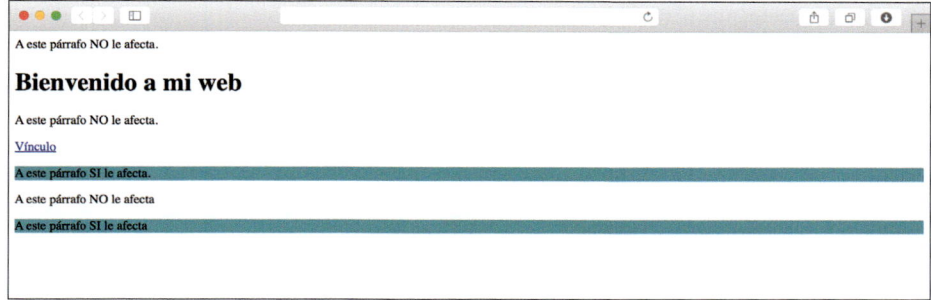

Fig. 1.26. Aspecto de la web propuesta como ejemplo.

:only-child

Permite definir una regla que afecte a aquellos elementos que sean hijos únicos del elemento padre. Veamos un ejemplo:

```css
p:only-child
{
background-color: #3ba1a6;
}
```

En el siguiente código HTML:

```html
<p>A este párrafo NO le afecta.</p>

<h1>Bienvenido a mi web</h1>
<p>A este párrafo NO le afecta.</p>

<div>
    <p>A este párrafo SI le afecta.</p>
</div>

<div>
<p>A este párrafo NO le afecta</p>
<p>A este párrafo NO le afecta</p>
</div>
```

Provocaría el siguiente efecto:

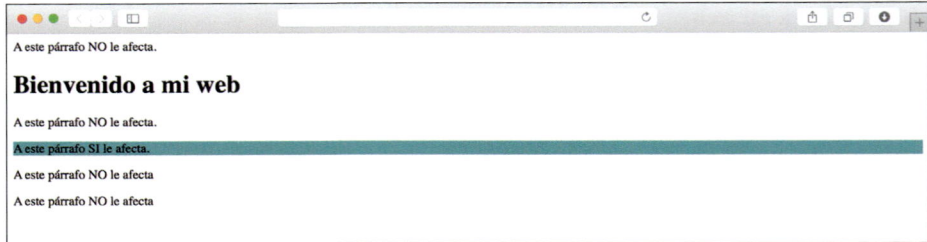

Fig. 1.27. Aspecto de la web propuesta como ejemplo.

:nth-child()

Esta seudoclase permite indicar al hijo al que queremos que afecte un estilo en concreto.

Por ejemplo, si queremos crear una regla que afecte a los párrafos que sean el hijo cuarto de su nodo padre, tendríamos que utilizar como selector *p:nth-child(4)*. Veamos un ejemplo:

```
p:nth-child(4)
{
background-color: #3ba1a6;
}

<body>

<p>Hijo 1 de body.A este párrafo NO le afecta.</p>
<p>Hijo 2 de body.A este párrafo NO le afecta.</p>
<p>Hijo 3 de body.A este párrafo NO le afecta.</p>
<p>Hijo 4 de body.A este párrafo SI le afecta.</p>

<h1>Bienvenido a mi web</h1>
<p>A este párrafo NO le afecta.</p>
<div>
    <p>Hijo 1 de div.A este párrafo NO le afecta.</p>
    <p>Hijo 2 de div.A este párrafo NO le afecta.</p>
    <p>Hijo 3 de div.A este párrafo NO le afecta.</p>
    <p>Hijo 4 de div.A este párrafo SI le afecta.</p>
</div>
```

```
<div>
<p>A este párrafo NO le afecta</p>
<p>A este párrafo NO le afecta</p>
</div>
<p>Hijo 5 de body.A este párrafo NO le afecta.</p>

</body>
```

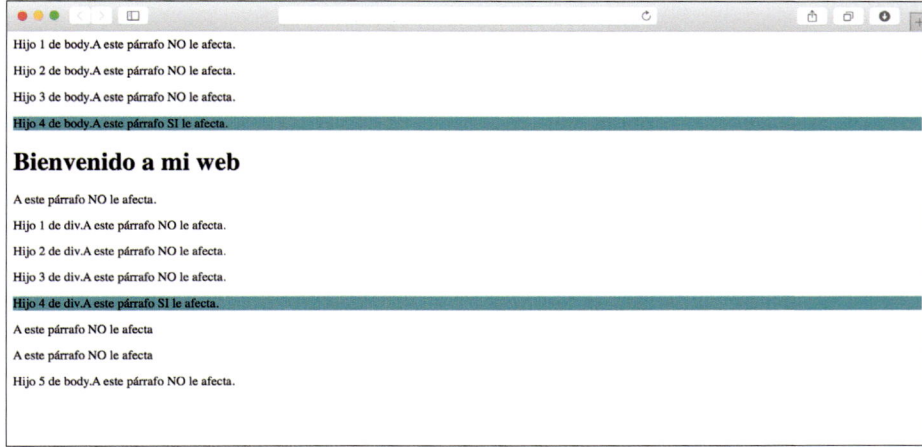

Fig. 1.28. Aspecto de la web propuesta como ejemplo.

:lang()

Esta seudoclase nos permite definir una regla que afecte a un ítem cuyo atributo *lang* sea el mismo que utilizado al definir la norma de estilo. Veamos un ejemplo:

```
p:lang(adobo) {
    background: #9900a7;
}
```

Que en el siguiente código HTML:

```
<h1>Menú de la casa</h1>
<p lang="adobo">Cazón en adobo</p>
<p>Almejas a la marinera</p>
```

Quedaría de la siguiente forma:

Fig. 1.29. Aspecto de la web propuesta como ejemplo.

:enabled

Con la seudoclase *:enabled* podemos definir una regla de estilo que afecte a aquellos elementos, generalmente de tipo *input,* que estén habilitados (*enabled*).

```
input:enabled {
    border:2px solid #16ff16;
}
```

La regla anterior dibujará un borde verde alrededor de aquellos *inputs* que estén habilitados. Veamos cómo quedaría en una web:

```
<form>
Nombre completo<input type="text" >
</form>
```

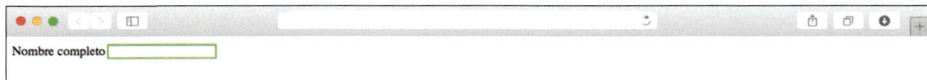

Fig. 1.30. Aspecto de la web propuesta como ejemplo.

:disabled

Con la seudoclase *:disabled* podemos definir una regla de estilo que afecte a aquellos elementos, generalmente de tipo *input,* que estén deshabilitados (*disabled*).

```
input:disabled {
    background: #000;
}
```

La regla anterior rellena de color negro aquellos *inputs* que estén deshabilitados. Veamos cómo quedaría en una web:

```
<form>
Dirección<input type="text" disabled="disabled">
</form>
```

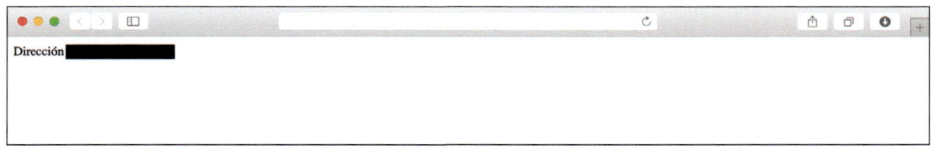

Fig. 1.31. Aspecto de la web propuesta como ejemplo.

:checked

La seudoclase *:checked* permite definir una regla que afecte a los *inputs* cuando estén chequeados.

Por ejemplo:

```
input:checked {
    margin-left: 50px;
}
```

La regla anterior desplaza los elementos que son seleccionados 50 píxeles con respecto al margen izquierdo de su ubicación.

```
<form>

    <input type="radio" checked="checked" value="masculino"
    name="genero"> Masculino<br>
    <input type="radio" value="femenino" name="genero">
    Femenino<br>
    <input type="checkbox" checked="checked" value="noticias">
    Quiero recibir noticias en mi e-mail

</form>
```

La web anterior quedaría de esta forma:

Fig. 1.32. Aspecto de la web propuesta como ejemplo.

:root

La seudoclase *:root* permite definir estilos que afecten al documento padre.

```
:root {
    background: url('foto.jpg');
}
```

La regla anterior incluye la foto.jpg como imagen de fondo. Para ello, dicha imagen tiene que estar en el mismo directorio que la página web; de lo contrario, habría que indicar el directorio en el que se encuentre.

Veamos cómo afectaría la regla anterior a la siguiente página web:

```
<h1>Bienvenidos</h1>
<p>Recostada sobre una loma que desciende hacia la ca-
rretera, Aguilar cuenta con un rico patrimonio monumen-
tal. Los restos del viejo castillo es un recordatorio
del pasado medieval, cuando el dueño del castillo y del
mismo Aguilar era Gonzalo Fernández de Córdoba, que lo
recibió del Rey Enrique II por su fidelidad durante la
guerra civil y por su intervención en la defensa de la
capital durante el asedio de Pedro I. En la cresta de
la loma se alinean las torres, mientras que debajo de
ellas, el caserío blanco se desliza por la falda. Des-
de el cementerio situado en una cercana colina, se puede
observar la mejor panorámica de Aguilar. Conocido como
Castillo del Pontón uno de los más importantes del me-
dievo, hoy en día solo nos queda sus ruinas: una torre,
las murallas, un foso, el cementerio hoy trasladado y un
pequeño anfiteatro.</p>
```

```
<p>Dispersas por el casco urbano, se localizan nume-
rosas iglesias de los siglos XVI y XVIII, la mayoría
de ellas de gran interés. Sin embargo, el monumento
más representativo de Aguilar es su Plaza de San José,
de peculiar planta poligonal y bella factura. Además,
a apenas unos cientos de metros del municipio, exis-
te una mina romana de agua,10 la que abastece de fresca
y abundante agua a la Fuente del Aceituno a apenas 800
metros por la carretera a Montalbán.</p>
```

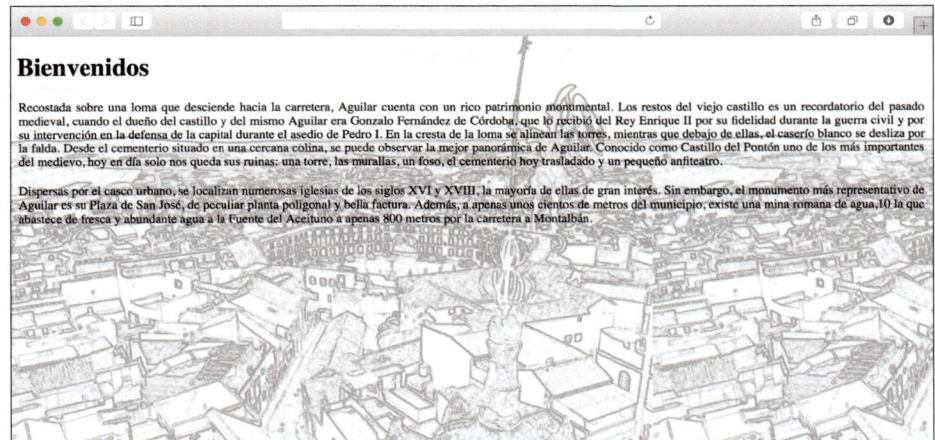

Fig. 1.33. Aspecto de la web propuesta como ejemplo.

:nth-of-type(n)

Con este selector podemos definir una regla que afecte al enésimo elemento del tipo que preceda a la definición de la seudoclase.

Veamos un ejemplo:

```
p:nth-of-type(3) {
    font-size: 2em;
}
```

La regla anterior hará que el texto del tercer párrafo que haya en el documento HTML tenga un tamaño de letra el doble del estándar.

En el siguiente ejemplo HTML:

```
<body>

<p>El primer párrafo.</p>
<p>El segundo párrafo.</p>
<p>El tercer párrafo.</p>
<p>El cuarto párrafo.</p>

</body>
```

Quedaría la página de la siguiente forma:

Fig. 1.34. Aspecto de la web propuesta como ejemplo.

:nth-last-of-type(n)

Permite definir una regla que afecte al enésimo elemento del tipo que preceda a la definición de la seudoclase, pero contando desde el final.

```
p:nth-last-of-type(3) {
    font-size: 2em;
}
```

La regla anterior hará que el texto del tercer párrafo que haya en el documento HTML, empezando desde el final, tenga un tamaño de letra el doble del estándar.

En el siguiente ejemplo HTML:

```
<body>
<p>El primer párrafo.</p>
<p>El segundo párrafo.</p>
<p>El tercer párrafo.</p>
<p>El cuarto párrafo.</p>
</body>
```

La web quedaría de la siguiente forma:

Fig. 1.35. Aspecto de la web propuesta como ejemplo.

:first-of-type

El selector *first-of-type* nos permite definir una regla que afecte al primer elemento, del tipo que preceda a la seudoclase, del elemento de su padre.

La siguiente regla:

```
p:first-of-type
{
    background:#00a5a7;
}
```

Pondría el fondo del primer párrafo que haya dentro de cada nodo padre de color #00a5a7. En la siguiente página de ejemplo podemos ver cómo funcionaría:

```
<body>

<h1>Web de ejemplos</h1>
<p>Primer párrafo dentro de body. SI le afecta</p>
<p>Segundo párrafo dentro de body. No le afecta</p>
<p>Tercer párrafo dentro de body. No le afecta.</p>
<p>Cuarto párrafo dentro de body. No le afecta.</p>

<div>
<p>Primer párrafo dentro de div. SI le afecta</p>
<p>Segundo párrafo dentro de div. NO le afecta</p>
</div>

</body>
```

Quedaría de la siguiente forma:

Fig. 1.36. Aspecto de la web propuesta como ejemplo.

:last-of-type

El selector *last-of-type* nos permite definir una regla que afecte al último elemento, del tipo que preceda a la seudoclase.

La siguiente regla:

```
p:last-of-type
{
    background:#00a5a7;
}
```

Pondría el fondo del último párrafo que haya dentro de cada nodo padre de color #00a5a7. En la siguiente página de ejemplo podemos ver cómo funcionaría:

```
<body>

<h1>Web de ejemplos</h1>
<p>Primer párrafo dentro de body. NO le afecta</p>
<p>Segundo párrafo dentro de body. No le afecta</p>
<p>Tercer párrafo dentro de body. No le afecta.</p>
<p>Ultimo párrafo dentro de body. SI le afecta.</p>

<div>
<p>Primer párrafo dentro de div. NO le afecta</p>
<p>Segundo párrafo dentro de div. SI le afecta</p>
</div>

</body>
```

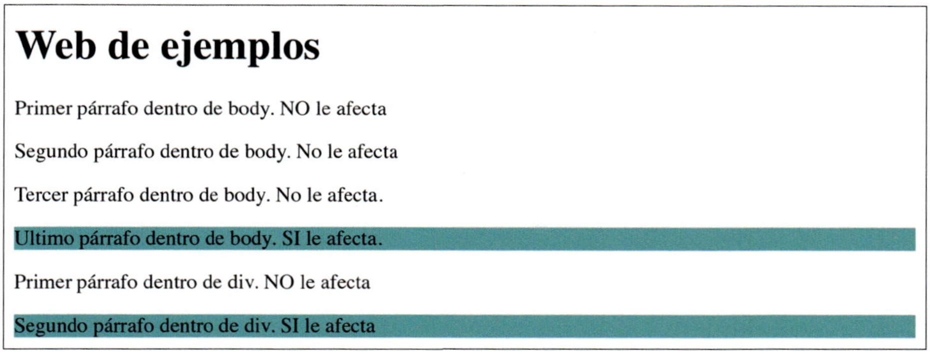

Web de ejemplos

Primer párrafo dentro de body. NO le afecta

Segundo párrafo dentro de body. No le afecta

Tercer párrafo dentro de body. No le afecta.

Ultimo párrafo dentro de body. SI le afecta.

Primer párrafo dentro de div. NO le afecta

Segundo párrafo dentro de div. SI le afecta

Fig. 1.37. Aspecto de la web propuesta como ejemplo.

:only-of-type

Permite definir una regla que afecte solo a aquellos elementos que son únicos, en relación al tipo de elemento, dentro de su padre.

```
p:only-of-type
{
background:#00a5a7;
}
```

La regla anterior se aplicaría en aquellos párrafos que sean los únicos párrafos dentro del nodo hijo.

Veamos cómo afectaría a la siguiente página web:

```
<body>

<div>
    <p>Unico item de tipo p dentro del div.</p>
<a href='www.google.es'>Enlace a google. No afecta a lo
anterior ya que no es un párrafo</a>
</div>

<div>
    <p>Hay dos párrafos, luego no afecta.</p>
    <p>Segundo párrafo.</p>
</div>
<p>Unico párrafo dentro del body. Si afecta</p>

</body>
```

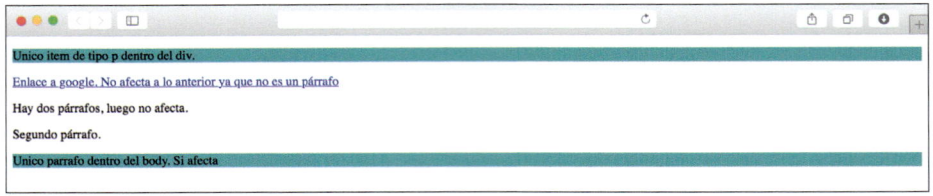

Fig. 1.38. Aspecto de la web propuesta como ejemplo.

:read-only

La seudoclase *:read-only* permite definir una regla de estilo que afecte solo a los *inputs* que sean de solo lectura.

```
input
    border:2px solid red;
    background-color:#cbcbcb;
}
```

Los selectores de seudoclases pueden combinarse con selectores de seudoelementos. Imaginemos que queremos crear una regla que ponga la primera letra del párrafo de color rojo, y que dicha regla solo afecte cuando haya un único párrafo en el bloque. ¿Cómo se haría? Pues la respuesta es sencilla, combinando seudoclases y seudoelementos de la siguiente forma:

```
p:only-of-type::first-letter
{
    color: red;
}
```

```
input:read-only {
    border:2px solid red;
    background-color:#cbcbcb;
}
```

La norma anterior dibuja un borde rojo de dos píxeles de ancho y el fondo de color gris a los *inputs* que son de solo lectura.

El siguiente código HTML:

```
Nombre<br><input value="">

Asignatura<br><input readonly value="Base de Datos">
```

Quedaría de la siguiente forma:

Fig. 1.39. Aspecto de la web propuesta como ejemplo.

:required

Con *:required* podemos especificar una regla de estilo para aquellos campos que sean requeridos. Recordemos que el atributo *required* es un atributo propio de HTML5, por lo que no estará disponible en todos los navegadores.

```
input:required{
    border:2px solid red;
}
```

Con la regla anterior dibujaríamos un borde de color rojo en aquellos *inputs* que sean obligatorios (*required*).

```
Nombre<input value="">
DNI<input required value="">
```

En el código HTML anterior, la regla de estilo que hemos puesto de ejemplo afectaría de la siguiente forma:

Fig. 1.40. Aspecto de la web propuesta como ejemplo.

:empty

Con la etiqueta *:empty* podemos definir una regla que afecte a aquellas etiquetas vacías.

```
*:empty {
    width:10px;
    height: 10px;
    background: #fff600;
}
```

La regla anterior coloreará de amarillo *(#fff600)* todas las etiquetas que no contengan información en nuestra web y con un ancho y un alto de 10 píxeles (de esta forma nos permitirá visualizarlo).

Veamos cómo afectaría en la práctica:

```
<body>
    <p></p>
<input type="text"/>
<p>Parrafo lleno</p>
<h1></h1>

</body>
```

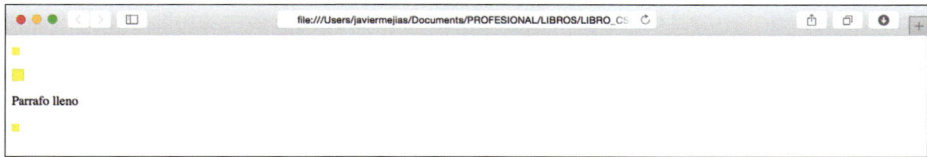

Fig. 1.41. Aspecto de la web propuesta como ejemplo.

:invalid

La etiqueta *:invalid* permite asignar un estilo en un *input* cuyo contenido no se adecúe al valor esperado. Por ejemplo, sin tenemos un *input* para introducir el correo electrónico, podemos definir una regla que ponga el borde del mismo de color rojo y no se quite hasta que el usuario no introduzca un correo electrónico válido.

Dicha regla podría ser de la siguiente forma:

```
input:invalid {
    border: 1px solid #ff0000;
}
```

Recordemos que el atributo *invalid* está asociado a *inputs* de tipo especial disponible en HTML5, por lo que muchos navegadores no serán compatibles con este selector.

Veamos un ejemplo:

```
E-mail<input type="email" value="">
```

Si creamos un *input* de tipo 'email', este permanecerá de color rojo (el borde), mientras no se introduzca un *e-mail* válido.

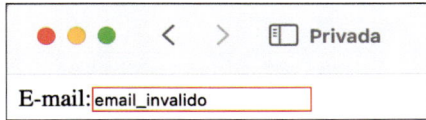

Fig. 1.42. Ejemplo de verificación inválida de *e-mail*.

Fig. 1.43. Ejemplo de verificación válida de *e-mail*.

:not(selector)

La etiqueta *:not(selector)* nos permite indicar una regla que afectará a todos los elementos que no sean del tipo 'selector'. Veamos un ejemplo:

```
:not(p) {
    color: #a100a7;
}
```

La regla anterior pondrá de color morado (#a100a7) todos los textos que no estén dentro de un párrafo.

```
<body>

<h2>Esto no es un párrafo</h2>

<p>Esto es un párrafo</p>

<div>Esto es un texto dentro de un div</div>

<a href="http://www.javiermejias.com">Enlace a una web.
No es un párrafo.</a>

</body>
```

En el código anterior de HTML quedaría de la siguiente forma:

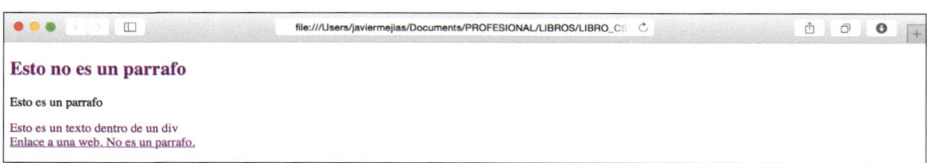

Fig. 1.44. Aspecto de la web propuesta como ejemplo.

1.4.5. Selectores de atributos

Los selectores de atributo aparecieron en la versión 2.1 de CSS, y permiten crear reglas de estilo para elementos de la web en función de sus atributos.

Por ejemplo, imaginemos que queremos crear una regla para aquellos vínculos (a) cuyo atributo *href* sea "javiermejias.com", podríamos utilizar un selector de atributo de la siguiente forma:

```
a[href="http://www.javiermejias.com"]
```

Veamos los tipos de selectores de atributos que podemos encontrar:
elemento[atributo]

Permite definir una regla que afecte a aquellos elementos que tengan establecido algún valor para atributo, independientemente del valor de este.

Veamos un ejemplo:

```
p[class]
{
text-align:justify;
}
```

La regla anterior afecta a aquellos párrafos que tengan definido el atributo *class*, de tal forma que justifica su texto.

Elemento[atributo=valor]

Permite definir una regla que afecte a aquellos elementos que tengan para el "atributo" establecido un valor igual a "valor".

```
p[class="textoJustificado"]
{
text-align:justify;
}
```

Permite definir una regla que afecte solo a los párrafos cuyo atributo *class* sea igual a "textoJustificado".

Elemento[atributo~=valor]

Permite definir una regla que afecte a aquellos elementos que tenga como atributo definido al menos uno que se llame "valor".

```
p[class~="textoJustificado"]
{
text-align=justify;
}
```

La regla anterior afectaría a aquellos párrafos que tengan definidos varios valores separados por espacios en el atributo *class* y uno de ellos sea "textoJustificado", como por ejemplo:

```
<p class="textoJustificado textoRojo"> Esto es un ejem-
plo de párrafo</p>
```

Al párrafo anterior le afectaría la regla que hemos definido anteriormente.

Elemento[atributo|=valor]

Permite definir una regla que afecte a aquellos elementos que tienen un atributo que empieza por "valor" y es seguido de un guion. Este tipo de selector se utiliza para el elemento *lang,* que permite definir los idiomas como el símbolo del idioma seguido de un guion y del país, como por ejemplo, es-AR, para indicar español de Argentina.

```
*[lang|="es"]
{
color: #ff0000;
}
```

La regla anterior afecta a todos los atributos de nuestra página cuyo atributo *lang* empiece por "es", es decir: "es-ES", "es-AR", "es-VE", etc.

1.4.5.1. Atributos de selector de CSS3

CSS3 incluye una serie de selectores más avanzados, que son los que vamos a describir a continuación:

Elemento[atributo^="valor"]

Permite definir reglas para aquellos elementos cuyo atributo comience por la cadena "valor".

```
img[src^="atencion"]
{
    border: 1px solid #ff0000;
}
```

La regla anterior dibujaría un borde de color rojo a aquellas imágenes que empiecen por atencion, como por ejemplo, atencion.jpg.

Elemento[atributo$="valor"]

Permite definir reglas para aquellos elementos cuyo atributo termine por la cadena "valor".

```
img[src$="jpg"]
{
    border: 1px solid #ff0000;
}
```

La regla anterior afectará a aquellas imágenes que terminen en jpg.

Elemento[atributo*="valor"]

Permite definir reglas para aquellos elementos cuyo atributo contengan la cadena "valor".

```
img[src*="usuario1"]
{
    border: 1px solid #ff0000;
}
```

La regla anterior afectará a aquellas imágenes que contengan la palabra usuario1 en su URL (nombre incluido).

1.4.6. Resumen de selectores

A continuación vamos a ver un breve resumen de los distintos tipos de selectores que podemos encontrar en una hoja de estilo, desde los más básicos a selectores avanzados.

SELECTOR	¿PARA QUÉ SIRVE?	EJEMPLO DE USO

*	Es el selector universal, afecta a todos los elementos de la página.	*{
		margin:0;
		}
		
		Eliminaría todos los márgenes de la página.

elementoHTML	Afecta a todas las elementos de la web que están dentro de dicha etiqueta.	h1{
		font-size:1.5em;
		color: #911199
		}
		
		Pondría los títulos h1 con la letra un 50 % más grande que el tamaño por defecto y de color morado.

.nombreClase	Este selector solo afecta a los objetos de nuestra web cuyo atributo class='nombreClase'. A diferencia de ID, en una misma página puede haber muchos elementos de la misma clase, mientras que el ID debe de ser único.	.faltaTexto
		{
		border:1px #f20e0e;
		}
		
		Dibuja el borde de la clase nombreClase de color rojo. Se puede utilizar, por ejemplo, en formularios, para indicar que el campo no se ha rellenado y era obligatorio o los datos son incorrectos.

SELECTOR	¿PARA QUÉ SIRVE?	EJEMPLO DE USO

#id	Este selector solo afecta al objeto cuyo ID sea igual al utilizado como selector.	#direccion
		{
		color: #2f2f2f;
		}
		
		El objeto en HTML cuyo ID sea "direccion" será de color #2f2f2f (gris oscuro).

elemento1, elemento2,.. elementoN	La norma de estilo afecta a todos los elementos del listado.	p,span
		{
		text-align:justify;
		}
		
		Justifica el texto de los párrafos (p) y de los bloques span.

elemento1 elemento2	Afecta a los elementos del tipo "elemento2" que hay dentro de un "elemento1".	div p
		{
		font-size: 2em;
		font-style: italic;
		}
		
		Los párrafos que haya dentro de un div tendrán la letra el doble del tamaño normal y de tipo Italic (cursiva).

elemento1 + elemento2	Afecta a los elementos de tipo "elemento2" que están definidos justo a continuación de la etiqueta "elemento1".	div + p
		{
		font-style: bold;
		}
		
		El párrafo que haya justo después de la etiqueta div tendrá la letra en negrita.

elemento1 > elemento2	Afecta a los elementos de tipo "elemento2" cuyo elemento padre es "elemento1".	div > p
		{
		text-align:justify;
		}
		
		Los párrafos que haya dentro de un div tendrá el texto justificado.

elemento1 ~ elemento2	Afecta a los elementos de tipo selector2 que están definidos a raíz de la primera definición de selector1.	p ~ ul
		{
		background: #992233;
		}
		
		Todas las listas que se definan después del primer párrafo tendrán el fondo de color #992233 (rojo oscuro).

SELECTOR	¿PARA QUÉ SIRVE?	EJEMPLO DE USO

elemento1::first-line	Afecta a la primera línea de los elementos de tipo elemento1, que por lo general tendrán que ser de texto.	p::first-line
		{
		font-size:2em;
		}
		
		El tamaño de la primera línea del párrafo será el doble del resto.

elemento1::first-letter	Afecta a la primera letra de los elementos de tipo elemento1.	p::first-letter
		{
		font-size:2em;
		}
		
		El tamaño de la primera letra del párrafo será el doble del resto (se conoce como letra capital).

elemento1::before	Permite introducir contenido antes de los elementos de tipo elemento1.	p::before
		{
		content:'Importante:';
		}
		
		Introduce antes de los párrafos el texto "Importante:".

elemento1::after	Permite introducir contenido después de los elementos de tipo elemento1.	p::after
		{
		content:"-Garcia-";
		}
		
		Introduce, después de cada párrafo, el texto "-Garcia-", como si de una cita se tratara.

elemento1:link	Afecta a los elementos de tipo elemento1 que no hayan sido visitados. Generalmente se utiliza en hipervínculos (etiqueta 'a' de HTML).	a:link
		{
		color: #00a5a7;
		}
		
		Pone de color #00a5a7 los enlaces que aún no han sido visitados.

elemento1:visited	Afecta a los elementos de tipo elemento1 que hayan sido visitados. Generalmente se utiliza en hipervínculos (etiqueta 'a' de HTML).	a:visited
		{
		color: #fbfe0b;
		}
		
		El texto de todos los vínculos que ya han sido visitados serán de color #fbfe0b.

SELECTOR	¿PARA QUÉ SIRVE?	EJEMPLO DE USO

elemento1:hover	Afecta a los elementos de tipo elemento1 cuando se pasa el ratón por encima de él.	a:hover
		{
		color: #5b0303;
		text-decoration: underline;
		}
		
		Cuando pasemos el ratón por el vínculo subraya el texto y cambia su color a #5b0303.

elemento1:focus	Permite definir una regla para los elementos de tipo elemento1 que estén seleccionados.	input:focus
		{
		background-color: #2fa700;
		}
		
		Pone de color #2fa700 el fondo del input seleccionado.

elemento1:active	Esta seudoclase permite definir una regla que afecta a un ítem justo en el instante en el que es activado por el usuario; por ejemplo, cuando se hace clic de ratón sobre un determinado elemento de la página web. El instante en el que se aplique dicho estilo puede llegar a ser imperceptible, puesto que solo dura el tiempo que mantengamos el clic de ratón.	input:active
		{
		background-color: orange;
		
		}
		
		Pone de color naranja el input justo.

elemento1:target	Afecta a los zonas visitadas en la web mediante vínculos internos.	:target{
		background-color: #00a5a7;
		}
		
		Colorea de color turquesa el fondo de la última zona visitada mediante un vínculo interno.

elemento1:first-child	La seudoclase *:first-child* permite definir reglas que afecta al selector al que va asociada que sea el primer elemento definido dentro del nodo padre al que pertenezca.	p:first-child
		{
		background-color: #3ba1a6;
		}
		
		La regla anterior coloreará el fondo de los párrafos que sean el primer elemento definido dentro del nodo padre.

elemento1:last-child	La seudoclase *last-child* permite definir una regla de estilo a aquellos elementos que sean los últimos hijos de su padre.	p:last-child
		{
		background-color: #3ba1a6;
		}
		
		La regla anterior colorea el fondo de los párrafos que sean los últimos hijos del nodo padre.

SELECTOR	¿PARA QUÉ SIRVE?	EJEMPLO DE USO

elemento1:only-child	Permite definir una regla que afecte a aquellos elementos que sean hijos únicos del elemento padre.	p:only-child
		{
		background-color: #3ba1a6;
		}
		
		La regla anterior colorea el fondo de los párrafos que sean hijos únicos de ese tipo en el nodo padre.

elemento1:nth-child()	Esta seudoclase permite indicar al hijo al que queremos que afecte un estilo en concreto. Por ejemplo, si queremos crear una regla que afecte a los párrafos que sean el hijo cuarto de su nodo padre, tendríamos que utilizar como selector *p:nth-child(4)*.	p:nth-child(4)
		{
		background-color: #3ba1a6;
		}
		
		La norma anterior colorea el fondo del cuarto párrafo que se encuentre dentro de un nodo padre.

elemento1:lang()	Esta seudoclase nos permite definir una regla que afecte a un ítem cuyo atributo *lang* sea el mismo que el utilizado al definir la norma de estilo.	p:lang(adobo) {
		background: #9900a7;
		}
		
		La norma pone el fondo de color #9900a7 para aquellos párrafos cuyo atributo lang *sea 'adobo'.*

elemento1:enabled	Esta seudoclase permite definir una regla de estilo que afecte a aquellos elementos, generalmente de tipo *input,* que estén habilitados (*enabled*).	input:enabled {
		border:2px solid #16ff16;
		}
		
		La norma dibuja un borde de color #16ff16 en los inputs *que estén habilitados.*

elemento1:disabled	Esta seudoclase permite definir una regla de estilo que afecte a aquellos elementos, generalmente de tipo *input,* que estén deshabilitados (*disabled*).	input:disabled
		{
		background: #000;
		}

elemento1:checked	La seudoclase *:checked* permite definir una regla que afecte a los *inputs* cuando estén chequeados.	input:checked {
		margin-left: 50px;
		}
		
		La regla anterior coloca el input *chequeado a 50 píxeles a la derecha del margen izquierdo.*

elemento1:root	La seudoclase *:root* permite definir estilos que afecten al documento padre.	:root {
		background:
		url('foto.jpg');
		}
		
		Al nodo raíz le pone de fondo la imagen foto.jpg.

SELECTOR	¿PARA QUÉ SIRVE?	EJEMPLO DE USO

elemento1:nth-of-type()	Con este selector podemos definir una regla que afecte al enésimo elemento del tipo que preceda a la definición de la seudoclase.	p:nth-of-type(3) {
		font-size: 2em;
		}
		
		La regla anterior aumenta el tamaño de la letra del tercer párrafo.

elemento1:nth-last-of-type()	Permite definir una regla que afecte al enésimo elemento del tipo que preceda a la definición de la seudoclase, pero contando desde el final.	p:nth-last-of-type(3) {
		font-size: 2em;
		}
		
		La regla anterior aumenta el tamaño de letra del tercer párrafo, contando desde el final.

elemento1:first-of-type	El selector *first-of-type* nos permite definir una regla que afecte al primer elemento, del tipo elemento1.	p:first-of-type
		{
		background:#00a5a7;
		}
		
		La regla anterior colorea el fondo del primer párrafo que haya dentro de cada bloque.

elemento1:last-of-type	Este selector permite definir una regla que afecte al último elemento del tipo elemento1.	p:last-of-type
		{
		background:#00a5a7;
		}
		
		La regla anterior colorea el fondo del último párrafo.

elemento1:only-of-type	Este selector permite definir una regla que afecte al elemento de tipo elemento1, siempre y cuando este sea el único dentro de su nodo raíz.	p:only-of-type
		{
		background:#00a5a7;
		}
		
		La regla anterior colorea el fondo del párrafo, siempre y cuando solo haya un párrafo dentro del nodo padre.

elemento1:read-only	La seudoclase *:read-only* permite definir una regla de estilo que afecte solo a los *inputs* que sean de solo lectura.	border:2px solid red;
		background-color:
		#cbcbcb;
		}
		
		input:read-only {
		border:2px solid red;
		background-color:
		#cbcbcb;
		}
		
		La norma anterior dibuja un borde rojo de dos píxeles de ancho y el fondo de color gris a los inputs que son de solo lectura.

SELECTOR	¿PARA QUÉ SIRVE?	EJEMPLO DE USO

elemento1:required	Con :required podemos especificar una regla de estilo para aquellos campos que sean requeridos. Recordemos que el atributo required es un atributo propio de HTML5, por lo que no estará disponible en todos los navegadores.	input:required{
		  border:2px solid red;
		}

elemento1:empty	Con la etiqueta :empty podemos definir una regla que afecte a aquellas etiquetas vacías.	*:empty {
		  width:10px;
		  height: 10px;
		  background: #fff600;
		}
		
		La regla anterior nos muestra aquellas etiquetas que no tengan información dentro de color amarillo (#fff600). Puede ser útil a la hora de depurar el código de nuestra página web.

elemento1:invalid	La etiqueta :invalid permite asignar un estilo en un input cuyo contenido no se adecúe al valor esperado. Por ejemplo, si tenemos un input para introducir el correo electrónico, podemos definir una regla que ponga el borde de color rojo y no se quite hasta que el usuario no introduzca un correo electrónico válido.	input:invalid {
		  border: 1px solid #ff0000;
		}
		
		La regla anterior dibuja un borde de color rojo a aquellos inputs que no estén bien rellenados.

:not(selector)	La etiqueta :not(selector) nos permite indicar una regla que afectará a todos los elementos que no sean del tipo 'selector'.	:not(p) {
		  color: #a100a7;
		}
		
		La regla anterior pondrá de color morado (#a100a7) todos los textos que no estén dentro de un párrafo.

elemento1[nom_atributo]	Permite definir una regla que afecte a aquellos elementos que tengan establecido algún valor para "atributo", sea cual sea el valor de este.	p[class]
		{
		text-align:justify;
		}
		
		La regla anterior afecta a aquellos párrafos que tengan definido el atributo class, sea cual sea su valor.

SELECTOR	¿PARA QUÉ SIRVE?	EJEMPLO DE USO

elemento1[nom_atributo=valor]	Permite definir una regla que afecte a aquellos elementos que tengan para el "atributo" establecido un valor igual a "valor".	p[class="textoJustificado"]
		{
		text-align:justify;
		}
		
		La regla anterior afecta a los párrafos cuyo atributo class sea "textoJustificado".

elemento1[nom_atributo~=valor]	Permite definir una regla que afecte a aquellos elementos que tenga como atributo definido al menos uno que se llame "valor".	p[class~="textoJustificado"]
		{
		text-align=justify;
		}
		
		La regla anterior afecta a aquellos párrafos cuyo atributo clase tenga al menos el valor textoJustificado.

elemento1[nom_atributo|=valor]	Permite definir una regla que afecte a aquellos elementos que tienen un atributo que empieza por "valor" y es seguido de un guion. Este tipo de selector se utiliza para el elemento *lang,* que permite definir los idiomas como el símbolo del idioma seguido de un guion y del país, como por ejemplo, es-AR, para indicar español de Argentina.	*[lang|="es"]
		{
		color: #ff0000;
		}
		
		La regla anterior afecta a aquellos elementos cuyo atributo lang comience por "es".

elemento[atributo^="valor"]	Permite definir reglas para aquellos elementos cuyo atributo comience por la cadena "valor".	img[src^="atencion"]
		{
		border: 1px solid #ff0000;
		}
		
		La regla anterior afecta a aquellas imágenes cuya URL comience por atención.

elemento[atributo$="valor"]	Permite definir reglas para aquellos elementos cuyo atributo termine por la cadena "valor".	img[src$="jpg"]
		{
		border: 1px solid #ff0000;
		}
		
		La regla anterior afecta a aquellas imágenes cuya URL finalice en jpg.

elemento[atributo*="valor"]	Permite definir reglas para aquellos elementos cuyo atributo contengan la cadena "valor".	img[src*="usuario1"]
		{
		   border: 1px solid #ff0000;
		}
		
		La norma anterior dibuja un borde de color rojo a aquellas imágenes en cuya URL (nombre incluido) aparezca la palabra usuario1.

1.5. Atributos de estilo para fuentes, color y fondo, texto y bloques

1.5.1. Descripción de los atributos de estilo

La sintaxis general de una regla CSS es la que se muestra a continuación:

Fig. 1.45. Propiedades de una regla CSS.

Cuando hablamos de atributos de estilo nos referimos a lo que en el esquema anterior viene definido como propiedad, la cual permite modificar el estilo de las distintas características de un elemento HTML.

Cuando hablamos de los atributos de un elemento HTML, nos referimos a su color, a su tamaño, al color de fondo… En definitiva, a cualquier propiedad de dicho elemento.

1.5.2. Utilización de los atributos de estilo

En los siguientes subepígrafes vamos a aprender a utilizar los atributos de estilo para los textos y los bloques de texto, así como su color y el color de fondo.

1.5.2.1. Fuentes (*font*)

El texto puede ser uno de los *ítems* más importantes dentro de nuestra página web, ya que a pesar de todos los recursos multimedia que existen en la actualidad, este sigue siendo el pilar básico para transmitir información.

El aspecto en el que mostremos el texto hará que nuestra web sea más accesible, usable e intuitiva. Un mal estilo a la hora de mostrar el texto podría hacer que este no pudiera leerse bien y al final repercutiría en una mala experiencia por parte del usuario con nuestra web.

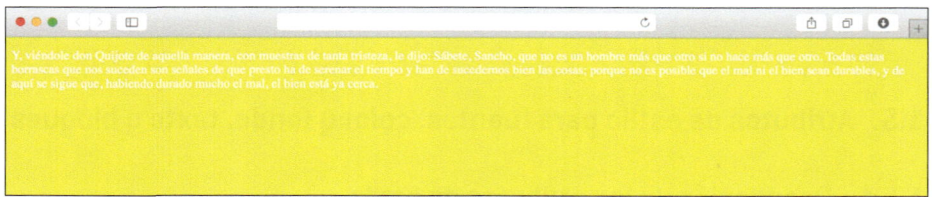

Fig. 1.46. Ejemplo de página web poco usable
debido a la combinación de colores.

La página anterior sería un buen ejemplo de un mal uso de estilos para mostrar el texto.

Las características de la fuente que se pueden definir son las siguientes:

Familia de la fuente (*font-family*)

Con el atributo *font-family* podemos especificar el tipo de letra (familia) que queremos usar en nuestra web.

Es recomendable utilizar familias de letras comunes, ya que estas tienen que estar instaladas en el ordenador del usuario para que su navegador web las muestre correctamente. Si no se especifica la familia de la fuente, el navegador desde el que se visualice la web elegirá la familia que tenga configurada por defecto.

Se pueden especificar varias fuentes separadas por coma, de tal manera que el navegador elegirá la primera y, si no está instalada, seleccionará la segunda, y así hasta encontrar una disponible.

Los tipos de letras más utilizados son: Arial, Helvetica, Sans-Serif, Courier New.

```
p
{

    font-family:Arial,Helvetica,Sans-Serif,Courier New;

}
```

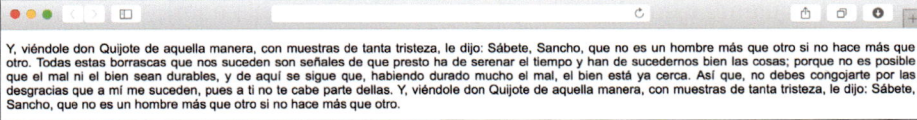

Fig. 1.47. Aspecto de la web propuesta como ejemplo.

Como ya hemos comentado, la familia de letra que utilicemos tiene que estar disponible en el ordenador en el que se visualice la página. Esto limita las posibilidades de diseño, ya que el utilizar una letra no común puede suponer que la web no se visualice como nosotros esperábamos.

Para solucionar esto existe el selector @font-face que permite definir un tipo de letra y, en caso de que el ordenador del cliente que visualice la web no la tenga instalada, esta se descargará desde nuestro servidor.

Primero tendríamos que definir la regla @font-face, en la que especifiquemos el nombre de la fuente que queremos utilizar y la URL en la que está disponible:

```
@font-face {
    font-family: DeliciousRoman;
    src:
    url(http://www.font-face.com/fonts/delicious/Delicious-
    Roman.otf);
    font-weight:400;
}
```

Y una vez que hemos definido la regla anterior, ya podemos utilizar la letra DeliciousRoman en la regla que queramos.

```
p {
font-family: DeliciousRoman, Helvetica, Arial, sans-serif;
}
```

También tenemos la opción de hacer uso de las fuentes de Google, cuya licencia de uso es libre y dispone, en su repositorio, de más de 1000 fuentes para utilizar. Para poder utilizarlas en la cabecera de la página HTML, tenemos que incluir la siguiente línea:

```
<link rel="stylesheet" href="https://fonts.googleapis.com/css?family=nombre">
```

Siendo **nombre** el nombre de la fuente de Google que queremos utilizar.

Véase el siguiente ejemplo (obtenido de la web w3schools.com):

```
<head>
<link rel="stylesheet" href="https://fonts.googleapis.com/css?family=Lato">
<style>
body {
    font-family: "Lato" sans-serif;

}
</style>
</head>
```

De esa forma, la fuente con la que se mostraría el texto de nuestra web sería la fuente Lato, que sería similar a la que se muestra a continuación:

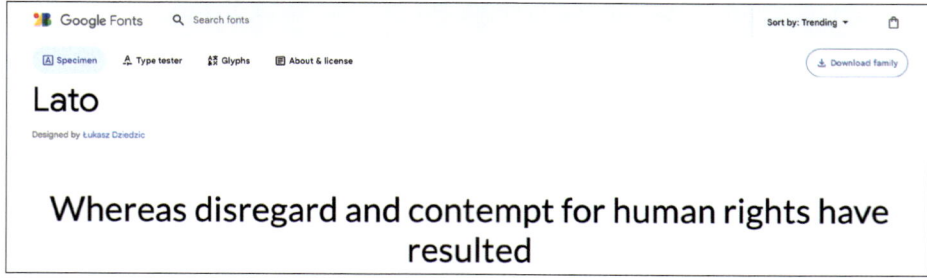

Fig. 1.48. Aspecto de la fuente Lato,
mostrado en la web https://fonts.google.com/.

Tamaño de la fuente (*font-size*)

El tamaño de la fuente resulta fundamental para que la información textual de nuestra web se pueda leer sin problemas.

Aunque la mayoría de navegadores web permite aumentar el tamaño de la letra de nuestra web, elegir un tamaño adecuado por defecto hará que la experiencia del usuario sea más satisfactoria. Por otra parte, con el tamaño de la letra, podemos destacar información.

El tamaño de la letra puede especificarse de varias formas:

- Mediante adjetivo de tamaño, estas son las opciones:
  - *xx-small:* especifica un tamaño muy pequeño.
  - *x-small:* especifica un tamaño pequeño aunque algo más grande que el anterior.
  - *small:* especifica un tamaño pequeño.
  - *medium:* especifica un tamaño de letra medio.
  - *large:* especifica un tamaño de letra grande.
  - *x-large:* especifica un tamaño de letra grande, y mayor que el anterior.
  - *xx-large:* especifica un tamaño de letra muy grande.
  - *smaller:* especifica un tamaño de letra pequeño.
  - *larger:* especifica un tamaño de letra grande.

- Mediante unidad de medida, las opciones serán estas:
  - Píxel: relativa a la resolución de la pantalla. Recordemos que el píxel es la unidad mínima de imagen de nuestra pantalla. Se especifica como px. Ejemplo: `font-size:10px;`
  - Centímetro: se especifica como cm. Ejemplo: `font-size:10cm;`
  - Pulgada: se especifica como inch. Una pulgada equivale a 2,54 centímetros. Ejemplo: `font-size: 1 inch;`
  - Pica: se especifica como pc. Una pica equivale a 12 puntos. Ejemplo: `font-size:1pc;`
  - Punto: se especifica como pt. Un punto es igual a 1/72 pulgadas. No se recomienda utilizar esta medida, ya que es una medida heredada de los medios impresos. Ejemplo: `font-size: 12pt;`

— **Relativa al tamaño del elemento (em):** es una medida relativa al tamaño de la letra del documento padre. Por ejemplo, si utilizamos *font-size: 2em;* la letra será el doble de la especificada por defecto en el documento padre (si no se especifica el tamaño de letra por defecto, esta sería la que tenga configurada el navegador por defecto). **Ejemplo:** `font-size: 1.5em;`

- **Mediante tanto por ciento:** es una medida relativa, que al igual que em, va en función del tamaño de letra definido para el documento padre. Debido a su importancia CSS la trata de forma separada. **Ejemplo:** `font-size: 200%;` (la regla anterior sería equivalente a poner *font-size: 2em;*).

Estilo de la fuente (*font-style*)

La fuente puede tener diferentes estilos, entre los que están:

- *Normal:* es el estilo por defecto. El navegador muestra el texto en su estilo normal.
- *Italic:* es el estilo conocido como *cursiva*. **Ejemplo:** `font-style:italic;`
- *Oblique:* es el estilo conocido como *cursiva*. **Ejemplo:** `font-style: oblique;`
- *Initial:* aplica el estilo definido como estilo por defecto.
- *Inherit:* es el estilo heredado de su nodo padre.

El peso de la fuente (*font-weight*)

Cuando hablamos de peso nos referimos al "grosor" de la letra.

Los posibles valores para la propiedad *font-weight* tenemos:

- *Normal*
- *Bold:* permite definir una letra de mucho peso, conocida como negrita.
- *Bolder:* permite definir una letra de mucho peso, conocida como negrita.
- *Lighter:* permite definir una letra de poco peso.
- 100-900: siendo 400 el peso normal, podemos utilizar 100 para fuentes con poco peso y 900 para fuentes muy negritas. El baremo va de 100 en 100. **Ejemplo:** `font-weight:400;`

Variante de la fuente (*font-variant*)

La propiedad *font-variant* permite poner el texto con el formato conocido como versalitas; este consiste en poner todas las letras en mayúscula, de forma que las que eran en minúscula pasan a ser mayúsculas ocupando la misma altura que tenían las letras minúsculas originales.

Versalitas

El atributo *font-variant* admite dos opciones:

- *Normal:* pone las letras en formato normal.

- *Small-caps:* pone las letras en formato versalitas. **Ejemplo**: `font-variant: small-caps;`

Veamos un ejemplo de cómo se mostraría cada tipo de estilo de letra.

```
h1.versalitas
{
    font-variant: small-caps;
}
h1.normal
{
    font-variant: normal;
}
```

Las dos reglas anteriores definen dos estilos de título de primer grado, uno para los h1 cuyo atributo *class* sea versalitas y otro cuyo atributo sea normal.

```
<h1 class='versalitas'>Bienvenidos</h1>
<h1 class='normal'>Bienvenidos</h1>
```

En el código anterior quedaría de la siguiente forma:

Fig. 1.49. Aspecto de la web propuesta como ejemplo.

1.5.2.2. Color

El atributo *color* permite definir el color de la letra de nuestra página. Este atributo hay que usarlo con cautela, ya que una mala combinación de colores puede hacer que nuestra página sea poco usable y complicada de leer.

El color puede indicarse de tres formas:

- Nombre del color en inglés. **Ejemplo**: `color: blue;`
- Valor del color en hexadecimal. **Ejemplo**: `color: #162656;`
- Valor del color en RGB. **Ejemplo**: `color: rgb(22,38,86);`

El problema de especificar un color con su nombre en inglés es que el abanico de posibilidades es muy limitado, por ese motivo se recomienda utilizar el valor en hexadecimal o en RGB.

En internet existen herramientas *online* para poder elegir colores para nuestra web. Entre dichas herramientas, encontramos las siguientes páginas:

- https://paletton.com/
- https://chir.ag/projects/name-that-color/
- https://colorkit.io

Veamos un ejemplo de regla que utilice el atributo *color:*

```
p.nombreColor
{
    color:blue;
}
p.RGBColor
{
    color:rgb(238,20,246);
}
p.HexadecimalColor
{
    color:#00a5a7;
}
```

Definimos tres reglas, una para cada tipo de selector de color. Veamos ahora un ejemplo de HTML y cómo quedaría:

```
<p class='nombreColor'>Una mañana, tras un sueño intran-
quilo, Gregorio Samsa se despertó convertido en un mons-
truoso insecto.</p>

<p class='RGBColor'> Estaba echado de espaldas sobre un
duro caparazón y, al alzar la cabeza, vio su vientre
convexo y oscuro, surcado por curvadas callosidades, so-
bre el que casi no se aguantaba la colcha, que estaba a
punto de escurrirse hasta el suelo.</p>
```

```
<p class='HexadecimalColor'> Numerosas patas, penosamente
delgadas en comparación con el grosor normal de sus pier-
nas, se agitaban sin concierto. - ¿Qué me ha ocurrido? </p>
```

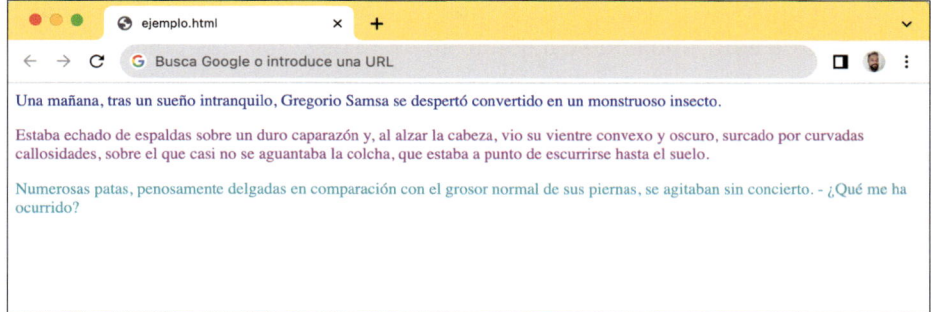

Fig. 1.50. Aspecto de la web propuesta como ejemplo.

1.5.2.3. Fondo (*background*)

Con el atributo *background* podemos cambiar el fondo de los ítems que aparecen en nuestra página web, así como el fondo de la página entera.

El atributo *background* admite varios propiedades que pueden utilizarse como
argumento de la propiedad *background,* o utilizando su propio atributo, entre
los que podemos encontrar:

- **Background-color:** permite especificar el color de fondo de un elemento. El color puede ser elegido con su nombre en inglés (ejemplo: background-color:red),
  con el valor del color en hexadecimal (ejemplo: background-color:#ff0000)
  o con el valor del color en RGB (ejemplo: background-color:rgb(40,21,90)).

- **Background-image:** permite especificar una imagen de fondo. Por defecto,
  la imagen se repetirá para ocupar toda la pantalla (ejemplo: background-
  image: url(imagen.jpg)).

- **Background-repeat:** con el atributo *background-repeat* podemos indicar si
  queremos que la imagen se repita de manera que ocupe todo el fondo de la
  web (*repeat*), si queremos que solo se repita en el eje vertical (*repeat-y*),
  si queremos que se repita en el eje horizontal (*repeat-x*) o si, por el contrario, no queremos que se repita y esta aparezca una sola vez en el fondo
  (*no-repeat*).

  — **Repeat**

  — **No-repeat**

— Repeat-x

— Repeat-y

- **Background-attachment:** el atributo *background-attachment* permite indicar si queremos que la imagen aparezca fija de fondo o si por el contrario queremos que esta se desplace junto con la página al movernos a través de esta, subiendo o bajando su barra de *scroll*. Las posibles opciones de *background-attachment* son las siguientes:

  — **Scroll:** la imagen se mueve al mover la barra de *scroll*.

  — **Fixed:** la imagen permanece fija en el fondo.

- **Background-position:** permite indicar la posición donde comenzará la imagen de fondo. La posición puede indicarse de varias formas:

  — **Left top:** la imagen comienza en la esquina superior izquierda.

  — **Left center:** la imagen comienza centrada, en la parte superior de la web.

  — **Left bottom:** la imagen comienza en la esquina inferior izquierda.

  — **Right top:** la imagen comienza en la esquina superior derecha.

  — **Right center:** la imagen comienza en la parte central (verticalmente hablando) derecha de la página.

  — **Right bottom:** la imagen comienza en la parte inferior derecha.

  — **Center top:** la imagen comienza en la parte central (horizontalmente hablando) y en la parte superior.

  — **Center center:** la imagen comenzará en la parte central.

  — **Center bottom:** la imagen comenzará en la parte central (horizontalmente) y en la parte inferior.

  — **PosicionX posicionY (en píxeles):** podemos indicar la coordenada X y la coordenada Y donde comenzará la imagen, teniendo en cuenta que la esquina superior izquierda equivale a la coordenada (0,0) y el valor de la posicionX indicará el número de píxeles desplazado a la derecha de la imagen, y la posicionY indicará el número de píxeles desplazado hacia abajo desde la esquina superior izquierda.

  — **PosicionX posicionY (en tanto por ciento).**

- **Background-size**: permite indicar el tamaño de la imagen de fondo. El tamaño puede especificarse de varias formas:

    — **Auto**: la imagen tiene su tamaño real.

    — **Tamaño en píxeles**: permite especificar el tamaño de la imagen en píxeles. Ejemplo: *background-size:* 20 px 20 px; Siendo el primer valor el ancho y el segundo, el alto.

    — **Tamaño en tanto por ciento**: permite especificar el tamaño de la imagen en tanto por ciento. Ejemplo: *background-size:* 75 %;

    — **Cover**: escala la imagen de fondo de tal forma que ocupe todo el ancho de la pantalla.

    — **Contain**: escala la imagen de fondo de tal manera que ocupe todo el largo de la pantalla.

Por otra parte, el atributo *background* permite utilizar todas las propiedades anteriores como parámetros de este, separados por espacios en blanco. Veamos varios ejemplos:

```
body
{
background: url(textura.png) repeat;
}
```

Con la regla anterior estamos indicando que la imagen textura.png sea el fondo de nuestra página web y que se repita tanto en el eje vertical como en el horizontal. Con dicha regla nuestra página quedaría de la siguiente forma:

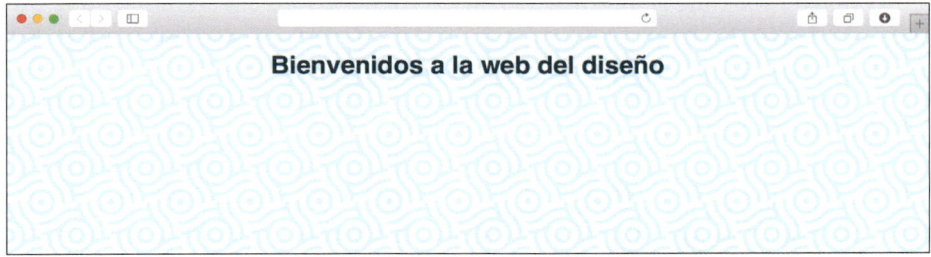

Fig. 1.51. Aspecto de la web propuesta como ejemplo.

La norma anterior también podría haberse especificado de la siguiente forma:

```
body
{
background-image: url(textura.png);
background-repeat: repeat;
}
Veamos otro ejemplo:
body
{
background: url(textura.png) no-repeat;
}
```

Quedando de la siguiente forma:

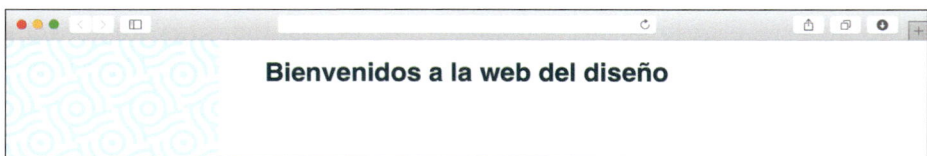

Fig. 1.52. Aspecto de la web propuesta como ejemplo.

La regla anterior sería equivalente a la siguiente:

```
body
    {
    background-image: url(textura.png);
    background-repeat: no-repeat;
    background-size: cover;
    }
```

CSS3 nos permite crear degradados en los fondos; para ello, tenemos que utilizar en el atributo *background* la opción *linear-gradient,* si queremos un degradado lineal, o *radial-gradient,* si lo queremos radial.

Veamos un ejemplo:

```
h1{
    height: 50px;
    background-image: linear-gradient(to right,red, orange,
    yellow, green, blue);
    }
```

El resultado de aplicar dicha regla es el siguiente:

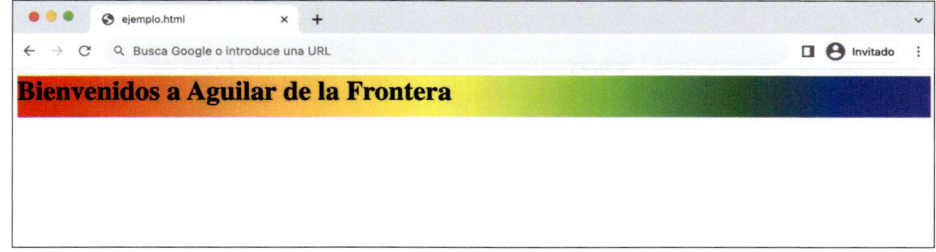

Fig. 1.53. Aspecto de la web propuesta como ejemplo.

Ahora dejamos al lector los siguientes ejercicios para que los resuelva.

EJERCICIOS PROPUESTOS RESUELTOS

1. Crea una regla de estilo que repita una imagen solo en el eje horizontal.

2. Crea una regla de estilo que coloque una imagen de fondo, que no se repita y centrada.

3. Crea una regla de estilo que coloque una imagen a 20 píxeles de la esquina superior izquierda y que no se repita.

4. Crea una regla de estilo que coloque una imagen de fondo fija.

5. Crea una regla de estilo que coloque una imagen en la esquina inferior derecha, no repetida.

6. Crea una regla de estilo que coloree el fondo de la página de color azul y la letra del texto sea de color blanco y además incluya una imagen de fondo que no se repita.

Solución 1

```
body
{
    background: url(imagenFondo.jpg) repeat-x;
}
```

Solución 2

```css
body
{
   background: url('imagenFondo.jpg') no-repeat center center;
}
```

Solución 3

```css
body
   {
   background-image:url('imagenFondo.jpg');
   background-repeat:no-repeat;
   background-position:10px 200px;
   }
```

Solución 4

```css
body
   {
   background-image:url('imagenFondo.jpg');
   background-repeat:no-repeat;
   background-attachment:fixed;
   }
```

Solución 5

```css
body
   {
   background-image:url(imagenFondo.jpg);
   background-repeat:no-repeat;
   background-position:right bottom;
   }
```

Solución 6

```css
body
   {
   background-image:url('imagenFondo.jpg');
   background-repeat:no-repeat;
   background-color: blue;
   color:white;
   }
```

1.5.2.4. Textos (text)

Con el atributo *text* y sus derivados, podremos definir estilos que afecten a los textos que incluyamos en nuestra página web, permitiendo modificar aspectos como la justificación del texto, añadirle sombra a la letra o modificar su color, entre otros.

Text-align

Permite definir la alineación del texto, existiendo tres opciones:

- **Center**: centra el texto.

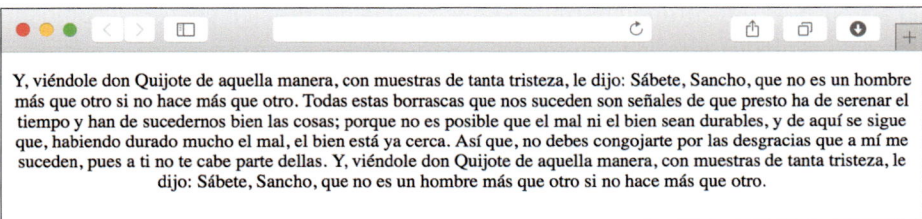

Fig. 1.54. Aspecto de la web propuesta como ejemplo.

- **Left**: alinea el texto a la izquierda de la pantalla.

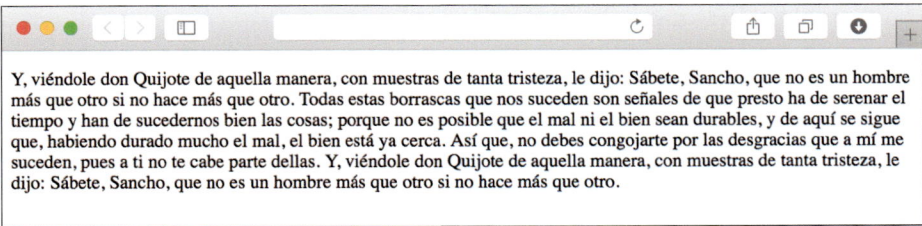

Fig. 1.55. Aspecto de la web propuesta como ejemplo.

- **Right**: alinea el texto a la derecha de la pantalla.

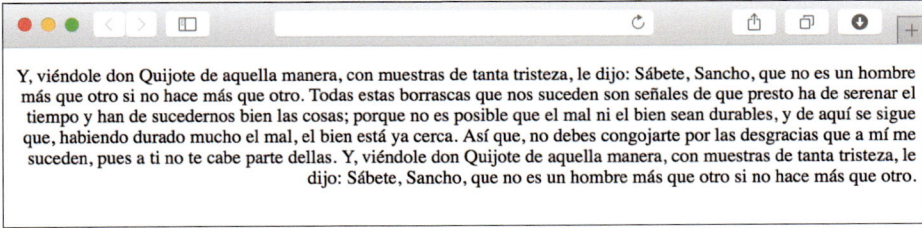

Fig. 1.56. Aspecto de la web propuesta como ejemplo.

- **Justify**: justifica el texto.

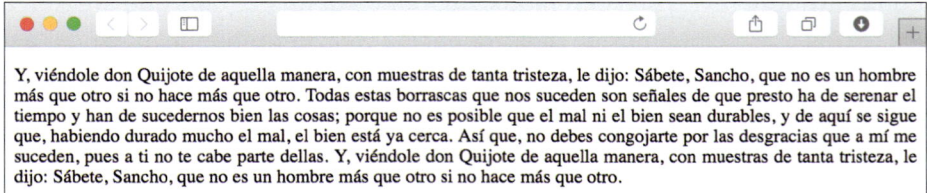

Y, viéndole don Quijote de aquella manera, con muestras de tanta tristeza, le dijo: Sábete, Sancho, que no es un hombre más que otro si no hace más que otro. Todas estas borrascas que nos suceden son señales de que presto ha de serenar el tiempo y han de sucedernos bien las cosas; porque no es posible que el mal ni el bien sean durables, y de aquí se sigue que, habiendo durado mucho el mal, el bien está ya cerca. Así que, no debes congojarte por las desgracias que a mí me suceden, pues a ti no te cabe parte dellas. Y, viéndole don Quijote de aquella manera, con muestras de tanta tristeza, le dijo: Sábete, Sancho, que no es un hombre más que otro si no hace más que otro.

Fig. 1.57. Aspecto de la web propuesta como ejemplo.

Text-decoration

El atributo *text-decoration* permite especificar la decoración del texto, como por ejemplo el dibujar una línea debajo del texto, encima de este o sobre el mismo.

Las opciones de este atributo son las siguientes:

- **None**: no dibuja ninguna decoración especial en el texto.

- **Underline**: dibuja una línea debajo del texto.
  Ejemplo: `text-decoration:underline;`

- **Overline**: dibuja una línea encima del texto.
  Ejemplo: `text-decoration:overline;`

- **Line-through**: dibuja una línea tachando el texto.
  Ejemplo: `text-decoration: line-throught;`

Veamos un pequeño ejemplo de utilización de los atributos anteriores:

```
h1.none
    {
    text-decoration: none;
    }
h1.linethrough
    {
    text-decoration: line-through;
    }
h1.underline
    {
    text-decoration: underline;
    }
h1.overline
    {
    text-decoration: overline;
    }
```

Veamos cómo se quedarían las reglas anteriores en el siguiente código HTML:

```
<h1 class="none">Ejemplo 1</h1>
<h1 class="linethrough">Ejemplo 2</h1>
<h1 class="underline">Ejemplo 3</h1>
<h1 class="overline">Ejemplo 4</h1>
```

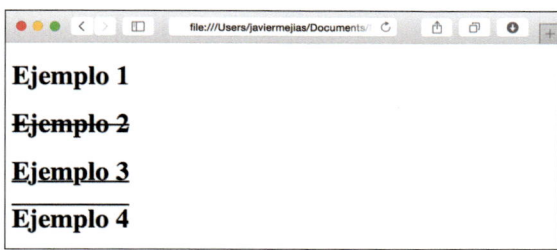

Fig. 1.58. Aspecto de la web propuesta como ejemplo.

Text-indent

El atributo *text-indent* permite definir la sangría que queremos en la primera línea de texto.

El tamaño de dicha sangría puede especificarse mediante una medida porcentual, lo que hará que vaya en función del ancho del elemento padre que lo contenga o una longitud expresada en píxeles, puntos, centímetros, etc.

Veamos un ejemplo de utilización del atributo *text-indent.*

```
<html>
<head>
<meta charset="utf-8">

<style>
p
{
    text-align: justify;
}


p.medidaAbsoluta
{
    text-indent: 20px;
```

```
}
p.medidaPorcentual
{
    text-indent: 10%;
}


</style>
</head>
<body>

<p class='medidaAbsoluta'>Y, viéndole don Quijote de
aquella manera, con muestras de tanta tristeza, le dijo:
Sábete, Sancho, que no es un hombre más que otro si no
hace más que otro. Todas estas borrascas que nos suce-
den son señales de que presto ha de serenar el tiempo y
han de sucedernos bien las cosas; porque no es posible
que el mal ni el bien sean durables, y de aquí se si-
gue que, habiendo durado mucho el mal, el bien está ya
cerca.<p>

<p class='medidaPorcentual'>Así que, no debes congojar-
te por las desgracias que a mí me suceden, pues a ti no
te cabe parte dellas. Y, viéndole don Quijote de aquella
manera, con muestras de tanta tristeza, le dijo: Sábete,
Sancho, que no es un hombre más que otro si no hace más
que otro.</p>


</body>
</html>
```

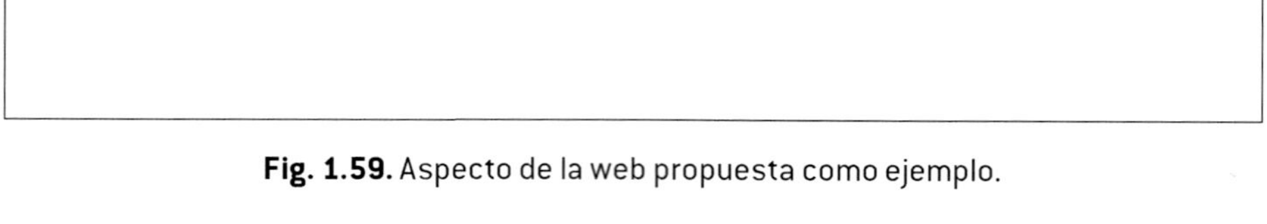

Fig. 1.59. Aspecto de la web propuesta como ejemplo.

Text-overflow

El atributo *text-overflow* permite especificar lo que queremos que ocurra con el texto que sobresale del elemento raíz que lo contiene cuando tenemos el atributo *overflow:hidden,* es decir, cuando lo tenemos activado como oculto.

Los posibles atributos que admite el parámetro *text-overflow* son los siguientes:

* **Clip:** corta el texto.
* **Ellipsis:** corta el texto añadiendo puntos suspensivos.

Veamos un ejemplo de cómo quedaría dicho atributo:

```
<html>
<head>
<style>

div.testEllipsis {
   white-space: nowrap;
   width: 12em;
   overflow: hidden;
   border: 1px solid #000000;
   text-overflow:ellipsis;
}

div.testClip {
   white-space: nowrap;
   width: 12em;
   overflow: hidden;
   border: 1px solid #000000;
   text-overflow:clip;
}

</style>
</head>
<body>


<div class="testEllipsis">Ejemplo de texto cortado con
text-overflow:ellipsis</div>
<br>
<div class="testClip">Ejemplo de texto cortado con text-
overflog:clip</div>

</body>
</html>
```

Fig. 1.60. Aspecto de la web propuesta como ejemplo.

Text-shadow

El atributo *text-shadow* es una propiedad de CSS3, pero debido a que ya está implementado en la gran mayoría de navegadores web vamos a ver su funcionamiento.

Con *text-shadow* podemos dibujar una sombra a nuestro texto.

Los parámetros que admite esta propiedad son los siguientes:

- **h-shadow:** es obligatorio y sirve para indicar la posición de la sombra en el eje horizontal. Permite valores negativos.

- **v-shadow:** es obligatorio y sirve para indicar la posición de la sombra en el eje vertical. Permite valores negativos.

- **blur-radius:** es opcional y sirve para indicar el efecto de desenfoque de la sombra. No permite valores negativos.

- **color:** es opcional y permite indicar el color de la sombra, el cual puede indicarse con un valor en hexadecimal, en RGB o con su nombre en inglés.

Veamos varios ejemplos:

```
<html>
<head>

<style>

#ejemploSombra1 {
    text-shadow:5px 5px 3px red;
}
#ejemploSombra2{
    text-shadow:-10px -4px #00a5a7;
}
#ejemploSombra3{
    text-shadow:-5px 5px 2px rgb(2,34,1);
}
```

```
ç#ejemploSombra4{
    text-shadow:10px -10px #f0ff05;
}




</style>
</head>
<body>
<h1 id="ejemploSombra1">Ejemplo de Sombra 1</h1>
<h1 id="ejemploSombra2">Ejemplo de Sombra 2</h1>
<h1 id="ejemploSombra3">Ejemplo de Sombra 3</h1>
<h1 id="ejemploSombra4">Ejemplo de Sombra 4</h1>


</body>
</html>
```

Quedando de la siguiente forma:

Fig. 1.61. Aspecto de la web propuesta como ejemplo.

Text-transform

Con el atributo *text-transform* podemos indicar el trato que queremos que se haga alguna transformación del texto relacionada con las mayúsculas y minúsculas. Es decir, si queremos que un texto aparezca en mayúscula o en minúscula o que aparezca tal y como está escrito, en relación a este aspecto.

Los parámetros que admite este atributo son los siguientes:

- *none:* para indicar que el texto se muestre tal y como está escrito.

- *capitalize:* pone la primera letra del texto en mayúscula.

- *uppercase:* pone todo el texto en mayúsculas.

- *lowercase:* pone todo el texto en minúsculas.

Veamos un ejemplo de utilización de dicho parámetro:

```html
<html>
<head>

<style>

#ejemploTTransform1 {
    text-transform:none;
}
#ejemploTTransform2{
    text-transform:capitalize;
}
#ejemploTTransform3{
    text-transform:uppercase;
}
#ejemploTTransform4{
    text-transform:lowercase;
}

</style>
</head>
<body>
<h1 id="ejemploTTransform1">Ejemplo de text-transform
none</h1>
<h1 id="ejemploTTransform2">Ejemplo de text-transform
capitalize</h1>
<h1 id="ejemploTTransform3">Ejemplo de text-transform
uppercase</h1>
<h1 id="ejemploTTransform4">Ejemplo de text-transform
lowercase</h1>

</body>
</html>
```

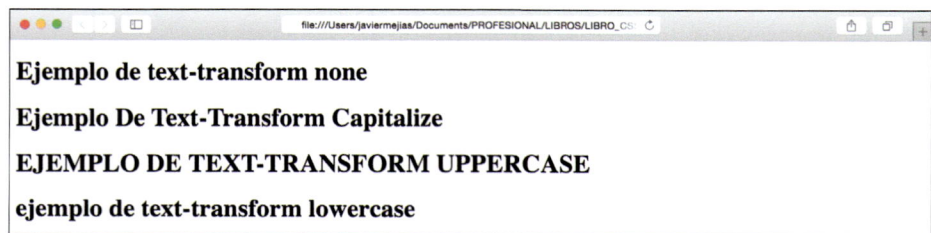

Fig. 1.62. Aspecto de la web propuesta como ejemplo.

1.5.2.5. Bloques

Cuando hablamos de bloques, nos referimos a bloques de texto, es decir, a los párrafos. Todos los atributos vistos en este epígrafe pueden utilizarse en los bloques de texto. Ahora vamos a ver los que afectan a la disposición del bloque como tal.

Line-height

El atributo *line-height* permite definir el interlineado del texto (la distancia que hay entre cada línea de texto).

Los posibles valores de este atributo son los siguientes:

- **Normal:** indica que el interlineado será normal.

- **Un número:** indicará el espacio de interlineado que será el múltiplo de dicho número por el tamaño de la letra.

- **Un tamaño fijo:** en píxeles, centímetros, pulgadas, picas o puntos.

- **Un tanto por ciento:** que indicará el espacio de interlineado de forma proporcional al tamaño de la letra.

Veamos cómo se aplicaría lo anterior en un ejemplo:

```
p
{
    text-align: justify;
}
```

```
p.normal
{
    line-height: normal;
}
p.numero
{
    line-height: 2;

}
p.fijo
{
    line-height: 14px;
}
p.porcentaje
{
    line-height: 20%;
}
```

Una vez definidas las reglas de estilo, vamos a utilizarlas en un ejemplo de una página web.

```
<p class='normal'>Y, viéndole don Quijote de aquella ma-
nera, con muestras de tanta tristeza, le dijo: Sábete,
Sancho, que no es un hombre más que otro si no hace más
que otro. Todas estas borrascas que nos suceden son se-
ñales de que presto ha de serenar el tiempo y han de
sucedernos bien las cosas; porque no es posible que el
mal ni el bien sean durables, y de aquí se sigue que,
habiendo durado mucho el mal, el bien está ya cerca.<p>

<p class='numero'>Así que, no debes congojarte por las
desgracias que a mí me suceden, pues a ti no te cabe
parte dellas. Y, viéndole don Quijote de aquella manera,
con muestras de tanta tristeza, le dijo: Sábete, San-
cho, que no es un hombre más que otro si no hace más
que otro.</p>
```

```html
<p class='fijo'>Todas estas borrascas que nos suceden
son señales de que presto ha de serenar el tiempo y han
de sucedernos bien las cosas; porque no es posible que
el mal ni el bien sean durables, y de aquí se sigue que,
habiendo durado mucho el mal, el bien está ya cerca. Así
que, no debes congojarte por las desgracias que a mí me
suceden, pues a ti no te cabe parte dellas. Y, viéndo-
le don Quijote de aquella manera, con muestras de tanta
tristeza, le dijo: Sábete, Sancho, que no es un hombre
más que otro si no hace más que otro.</p>

<p class='porcentaje'>Todas estas borrascas que nos su-
ceden son señales de que presto ha de serenar el tiempo
y han de sucedernos bien las cosas; porque no es posi-
ble que el mal ni el bien sean durables, y de aquí se
sigue que, habiendo durado mucho el mal, el bien está ya
cerca. Así que, no debes congojarte por las desgracias
que a mí me suceden, pues a ti no te cabe parte dellas.
Y, viéndole don Quijote de aquella manera, con muestras
de tanta tristeza, le dijo: Sábete, Sancho, que no es un
hombre más que otro si no hace más que otro.</p>
```

Que queda de la siguiente forma:

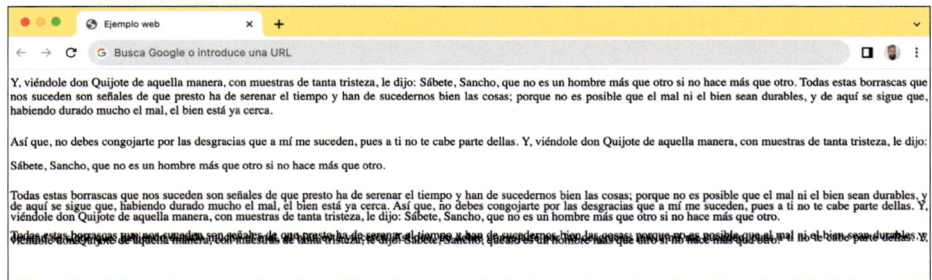

Fig. 1.63. Aspecto de la web propuesta como ejemplo.

Letter-spacing

El atributo *letter-spacing* permite definir el espacio existente entre caracteres.

Los posibles valores que puede tomar este atributo son los siguientes:

- Normal: la distancia entre los caracteres será la estándar.
- Distancia en píxeles, puntos, centímetros, etc. También son posibles valores negativos para aproximar las letras entre ellas.

Veamos un ejemplo:

```
p
{
    text-align: justify;
}


p.normal
{
    letter-spacing:normal;
}
p.espaciado
{
    letter-spacing: 10px;


}
p.juntas
{
    letter-spacing: -10px;
}
```

Una vez definidas las reglas de estilo, vamos a ver un ejemplo de su utilización en una página web:

```
<p class='normal'>Y, viéndole don Quijote de aquella ma-
nera, con muestras de tanta tristeza, le dijo: Sábete,
Sancho, que no es un hombre más que otro si no hace más
que otro. Todas estas borrascas que nos suceden son se-
ñales de que presto ha de serenar el tiempo y han de
sucedernos bien las cosas; porque no es posible que el
mal ni el bien sean durables, y de aquí se sigue que,
habiendo durado mucho el mal, el bien está ya cerca.<p>
```

```html
<p class='espaciado'>Así que, no debes congojarte por
las desgracias que a mí me suceden, pues a ti no te
cabe parte dellas. Y, viéndole don Quijote de aquella
manera, con muestras de tanta tristeza, le dijo: Sábete,
Sancho, que no es un hombre más que otro si no hace más
que otro.</p>

<p class='juntas'>Todas estas borrascas que nos suceden
son señales de que presto ha de serenar el tiempo y han
de sucedernos bien las cosas; porque no es posible que
el mal ni el bien sean durables, y de aquí se sigue que,
habiendo durado mucho el mal, el bien está ya cerca. Así
que, no debes congojarte por las desgracias que a mí me
suceden, pues a ti no te cabe parte dellas. Y, viéndo-
le don Quijote de aquella manera, con muestras de tanta
tristeza, le dijo: Sábete, Sancho, que no es un hombre
más que otro si no hace más que otro.</p>
```

Que queda de la siguiente forma:

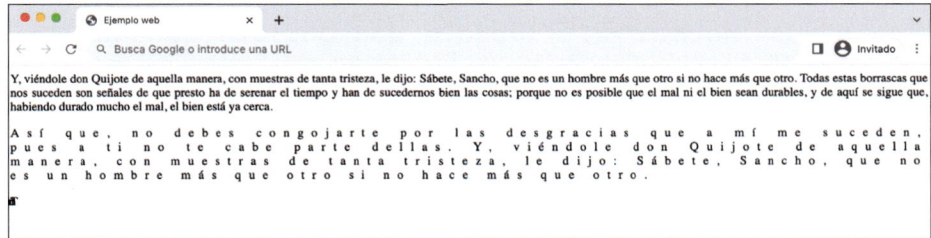

Fig. 1.64. Aspecto de la web propuesta como ejemplo.

Word-spacing

El atributo *word-spacing* permite definir el espacio existente entre palabras, y no entre letras como hacía el atributo *letter-spacing*.

Los posibles parámetros que admite este atributo son los siguientes:

- Normal: para un espaciado entre palabras normal.

- Distancia en píxeles, centímetros, puntos, etc., entre las palabras. La distancia puede ser negativa, lo que hará que las palabras estén más juntas.

Veamos cómo se aplicaría en una página web de ejemplo:

```
<html>
<head>
<meta charset="UTF-8" />
<style>
p{
   text-align: justify;
}
p.normal{
   letter-spacing:normal;
}
p.espaciado{
   word-spacing: 20px;
}
p.juntas{
   word-spacing: -10px;
}
</style>
</head>
<body>
<p class='normal'>Y, viéndole don Quijote de aquella
manera, con muestras de tanta tristeza, le dijo: Sá-
bete, Sancho, que no es un hombre más que otro si no
hace más que otro. Todas estas borrascas que nos suce-
den son señales de que presto ha de serenar el tiempo
y han de sucedernos bien las cosas; porque no es posi-
ble que el mal ni el bien sean durables, y de aquí se
sigue que, habiendo durado mucho el mal, el bien está
ya cerca.<p>

<p class='espaciado'>Así que, no debes congojarte por
las desgracias que a mí me suceden, pues a ti no te
cabe parte dellas. Y, viéndole don Quijote de aquella
manera, con muestras de tanta tristeza, le dijo: Sábete,
Sancho, que no es un hombre más que otro si no hace más
que otro.</p>
```

```
<p class='juntas'>Todas estas borrascas que nos suceden
son señales de que presto ha de serenar el tiempo y han
de sucedernos bien las cosas; porque no es posible que
el mal ni el bien sean durables, y de aquí se sigue que,
habiendo durado mucho el mal, el bien está ya cerca. Así
que, no debes congojarte por las desgracias que a mí me
suceden, pues a ti no te cabe parte dellas. Y, viéndo-
le don Quijote de aquella manera, con muestras de tanta
tristeza, le dijo: Sábete, Sancho, que no es un hombre
más que otro si no hace más que otro.</p>

</body>
</html>
```

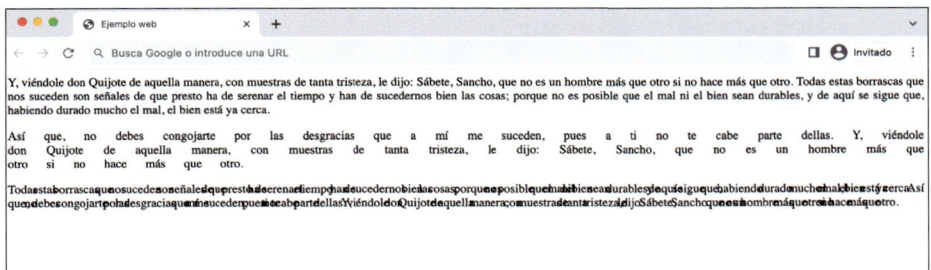

Fig. 1.65. Aspecto de la web propuesta como ejemplo.

White-space

El atributo *white-space* permite definir cómo queremos que el navegador interprete los espacios en blanco que haya dentro de los párrafos o bloques de texto. Recordemos que, por defecto, el navegador elimina los espacios en blanco y los múltiples saltos de línea que encuentre, dejando solo uno.

Los posibles valores que puede tomar el atributo *white-space* son los siguientes:

- **Normal:** los espacios en blanco sobrantes y los saltos de línea se eliminan. Es el estado por defecto.

- **Nowrap:** elimina los espacios en blanco sobrantes y TODOS los saltos de línea, por lo que el texto se muestra en una única línea.

- **Pre:** no se eliminan los espacios en blanco sobrantes ni los saltos de línea.

- **Pre-line**: respeta los espacios en blanco, pero los saltos de línea los optimiza para que el texto no se salga del elemento contenedor.

- **Pre-wrap**: respeta los espacios en blanco, los saltos en línea y ajusta las líneas para que el texto no se salga del elemento contenedor.

```
<html>
<head>
<meta charset="UTF-8" />
<style>
p{
    text-align: justify;
}
p.normal{
    white-space:normal;
}
p.nowrap{
    white-space: nowrap;
}
p.pre{
    white-space: pre;
}
p.preline{
    white-space: pre-line;
}
p.prewrap{
    white-space: pre-wrap;
}
</style>
</head>
<body>

<p class='normal'>Y, viéndole don Quijote de aquella manera, con muestras de tanta tristeza, le dijo: Sábete, Sancho, que no es un hombre más que otro si no hace más que otro.</p>

<p class='nowrap'>Todas estas borrascas que nos suceden son señales de que presto ha de serenar el tiempo y han de sucedernos bien las cosas; porque no es posible que el mal ni el bien sean durables, y de aquí se sigue que, habiendo durado mucho el mal, el bien está ya cerca.</p>
```

```
<p class='pre'>Así que, no debes congojarte por las des-
gracias que a mí me suceden, pues a ti no te cabe par-
te dellas.Y, viéndole don Quijote de aquella manera, con
muestras de tanta tristeza, le dijo: Sábete, Sancho, que
no es un hombre más que otro si no hace más que otro.</p>

<p class='preline'>
Todas estas borrascas que nos suceden son señales de
que presto ha de serenar el tiempo y han de sucedernos
bien las cosas; porque no es posible que el mal ni el
bien sean durables,

y de aquí se sigue que, habiendo durado mucho el mal, el
bien está ya cerca.
</p>
<p class='prewrap'>
Y, viéndole don Quijote de aquella manera, con muestras
de tanta tristeza, le dijo: Sábete, Sancho, que no es un
hombre más que otro si no hace más que otro. Todas es-
tas borrascas que nos suceden son señales de que pres-
to ha de serenar el tiempo y han de sucedernos bien las
cosas; porque no es posible que el mal ni el bien sean
durables, y de aquí se sigue que, habiendo durado mucho
el mal, el bien está ya cerca</p>


</body>
</html>
```

Que queda de la siguiente forma:

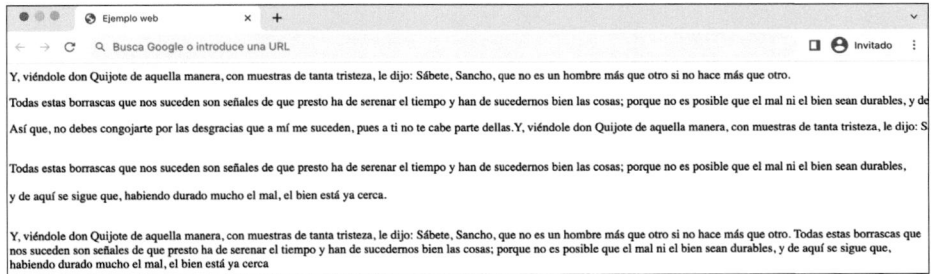

Fig. 1.66. Aspecto de la web propuesta como ejemplo.

1.5.3. Otros atributos y efectos de estilo: tablas, listas de elementos y animaciones

Tablas

Los efectos que podemos aplicar a las tablas mediante estilos son los relacionados con los bordes y con la disposición de las celdas. Cabe recordar que, por motivos de accesibilidad las tablas, no se pueden utilizar para maquetar el contenido de nuestra web, solo se podrán utilizar para incluir datos tabulados.

Recordemos que en HTML una tabla se define de la siguiente forma:

```
<!-- Ejemplo de tabla-->

<table id="...">

   <!-- Cabecera de la tabla -->

        <thead>
             <tr>
                  <th scope="col" id="...">...</th>
                  ...
             </tr>
        </thead>

   <!-- Pie de la tabla -->

        <tfoot>
             <tr>
                  <td>...</td>
             </tr>
        </tfoot>

   <!-- Cuerpo de la tabla -->

        <tbody>
             <tr>
                  <td>...</td>
                  ...
             </tr>
             ...
        </tbody>

</table>
```

Veamos ahora qué atributos de estilo podemos utilizar para dar formato a la tabla.

Border-spacing

Permite definir el espacio entre los bordes de las distintas celdas.

El espacio entre los distintos bordes se indica mediante una unidad de medida absoluta o relativa, la cual puede estar expresada en píxeles, puntos, centímetros, etc.

```
table.tabla
   {
         border-spacing:50px;
   }
```

Veamos cómo quedaría la regla anterior en un ejemplo concreto:

```
<table class="tabla">
   <thead>
         <tr>
               <th>cabecera</th>
               <th>cabecera</th>
               <th>cabecera</th>
               <th>cabecera</th>
         </tr>
   </thead>
   <tfoot>
         <tr>
               <td>pie</td>
               <td>pie</td>
               <td>pie</td>
               <td>pie</td>
         </tr>
   </tfoot>
```

```
    <tbody>
        <tr>
                <td>dato</td>
                <td>dato</td>
                <td>dato</td>
                <td>dato</td>
        </tr>
        <tr>
                <td>dato</td>
                <td>dato</td>
                <td>dato</td>
                <td>dato</td>
        </tr>
        <tr>
                <td>dato</td>
                <td>dato</td>
                <td>dato</td>
                <td>dato</td>
        </tr>
        <tr>
                <td>dato</td>
                <td>dato</td>
                <td>dato</td>
                <td>dato</td>
        </tr>
        <tr>
                <td>dato</td>
                <td>dato</td>
                <td>dato</td>
                <td>dato</td>
        </tr>
    </tbody>
</table>
```

Una vez aplicados los estilos, la tabla queda cómo vemos a continuación:

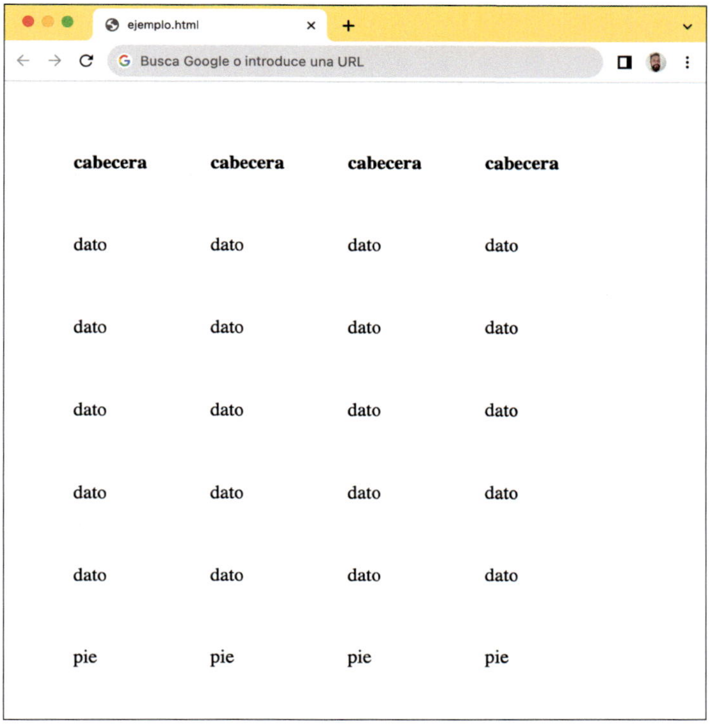

Fig. 1.67. Aspecto de la tabla con *cell-spacing* a 50 px.

Por defecto, las tablas aparecen ya en los nuevos navegadores sin bordes. Si quisiéramos ver los bordes de las distintas celdas, habría que incluir reglas como la siguiente:

```
td{
    border:1px solid;
}
```

Caption-side

La propiedad *caption-side* permite incluir una leyenda a la tabla en la parte superior o inferior de la misma.

Los atributos que admite dicha propiedad son *top,* si queremos que la leyenda esté en la parte superior, o *bottom,* si queremos que esté en la parte inferior.

```
<html>
<head>
<style>
    table.tabla{
        caption-side: bottom;


    }
    table.tabla td{
        border:1px solid;
    }
</style>
</head>
<body>
    <table class="tabla">
        <caption>Tabla de ejemplo</caption>
        <thead>
            <tr>
                <th>cabecera</th>
                <th>cabecera</th>
                <th>cabecera</th>
                <th>cabecera</th>
            </tr>
        </thead>
        <tfoot>
            <tr>
                <td>pie</td>
                <td>pie</td>
                <td>pie</td>
                <td>pie</td>
            </tr>
        </tfoot>
```

```html
        <tbody>
            <tr>
                <td>dato</td>
                <td>dato</td>
                <td>dato</td>
                <td>dato</td>
            </tr>
            <tr>
                <td>dato</td>
                <td>dato</td>
                <td>dato</td>
                <td>dato</td>
            </tr>
            <tr>
                <td>dato</td>
                <td>dato</td>
                <td>dato</td>
                <td>dato</td>
            </tr>
            <tr>
                <td>dato</td>
                <td>dato</td>
                <td>dato</td>
                <td>dato</td>
            </tr>
            <tr>
                <td>dato</td>
                <td>dato</td>
                <td>dato</td>
                <td>dato</td>
            </tr>
        </tbody>
    </table>
</body>
</html>
```

La página anterior quedaría de la siguiente forma:

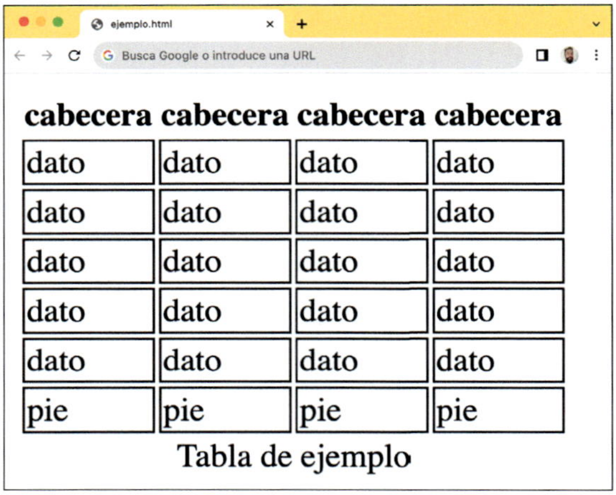

Fig. 1.68. Ejemplo de tabla con *caption* en HTML.

Empty-cells

El atributo *empty-cells* permite ocultar el borde y el fondo de las celdas que estén vacías en la tabla.

La regla *empty-cells* admite dos atributos: *hide* para ocultar y *show* para mostrarlos.

Veamos su aplicación en un ejemplo:

```
<html>
<head>
<style>
    table.tabla
    {
        caption-side: bottom;
        empty-cells: hide;


    }
    table.tabla td
    {
        border:1px solid;
}
</style>
</head>
```

```
<body>
    <table class="tabla">
        <caption>Tabla de ejemplo</caption>
        <thead>
            <tr>
                <th>cabecera</th>
                <th>cabecera</th>
                <th>cabecera</th>
                <th>cabecera</th>
            </tr>
        </thead>
        <tfoot>
            <tr>
                <td>pie</td>
                <td>pie</td>
                <td>pie</td>
                <td>pie</td>
            </tr>
        </tfoot>
        <tbody>
            <tr>
                <td>dato</td>
                <td>dato</td>
                <td>dato</td>
                <td>dato</td>
            </tr>
            <tr>
                <td>dato</td>
                <td></td>
                <td>dato</td>
                <td>dato</td>
            </tr>
            <tr>
                <td>dato</td>
                <td>dato</td>
                <td>dato</td>
                <td>dato</td>
            </tr>
```

```
                <tr>
                    <td>dato</td>
                    <td></td>
                    <td>dato</td>
                    <td>dato</td>
                </tr>
                <tr>
                    <td>dato</td>
                    <td>dato</td>
                    <td>dato</td>
                    <td></td>
                </tr>
            </tbody>
        </table>
    </body>
</html>
```

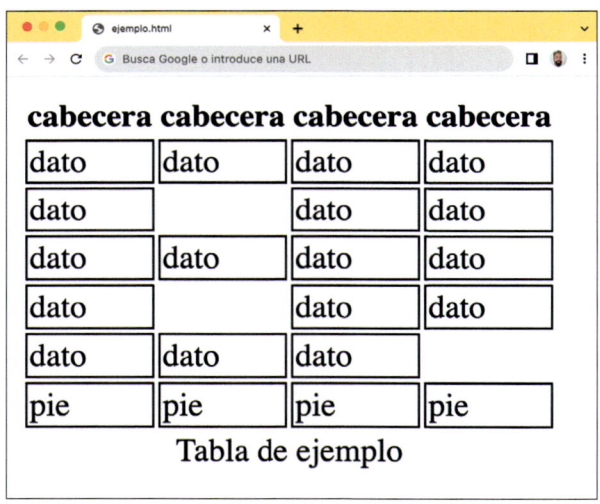

Fig. 1.69. Ejemplo de tabla con *empty-cells hide.*

Color en las tablas

A la hora de dar formato a nuestras tablas, es fundamental darle color para que resalte el contenido de la tabla.

Una norma muy utilizada en las tablas es que la cabecera y el pie de página tengan un color y alternar el color de cada fila.

Para colorear el fondo de una celda, basta con indicar el atributo *background-color* en la regla que defina el estilo de una celda, que sería la regla usada para el selector *td*.

```
table td
   {
        background: #b8d1f3;
        color:white;
   }
```

Si queremos cambiar el color de fondo de las celdas de cabecera, tendríamos que especificar el selector *th,* que es el que se corresponde con las celdas de cabecera.

```
table th
   {
        background: #1d5565;
        color:white;
   }
```

Si quisiéramos cambiar el color de las celdas de pie de página, tendríamos que utilizar el selector *tfoot td*.

```
table tfoot td
   {
        background: #1d5565;
        color:white;
   }
```

Para alternar el estilo de las filas impares con el de las filas pares, tendríamos que definir las siguientes reglas:

```
/* Para las líneas impares (odd)*/
table.tabla tr:nth-child(odd){

        background: #b8d1f3;
   }
/* Para las líneas pares (even)*/
table.tabla tr:nth-child(even){
        background: #dae5f4;
   }
```

Veamos ahora un ejemplo de tabla completa:

```
<html>
<head>
<style>
    table.tabla
    {
        caption-side: bottom;
    }
        table.tabla th
    {
        background: #1d5565;
        color:white;
    }
    table.tabla tr:nth-child(odd)
    {
        background: #b8d1f3;
    }
    table.tabla tr:nth-child(even){
        background: #dae5f4;
    }
     table.tabla tfoot td
    {
        background: #1d5565;
        color:white;
    }
</style>
</head>
<body>
    <table class="tabla">
        <caption>Tabla de ejemplo</caption>
        <thead>
            <tr>
                <th>cabecera</th>
                <th>cabecera</th>
                <th>cabecera</th>
                <th>cabecera</th>
            </tr>
        </thead>
```

```
        <tfoot>
            <tr>
                <td>pie</td>
                <td>pie</td>
                <td>pie</td>
                <td>pie</td>
            </tr>
        </tfoot>
        <tbody>
            <tr>
                <td>dato</td>
                <td>dato</td>
                <td>dato</td>
                <td>dato</td>
            </tr>
            <tr>
                <td>dato</td>
                <td></td>
                <td>dato</td>
                <td>dato</td>
            </tr>
            <tr>
                <td>dato</td>
                <td>dato</td>
                <td>dato</td>
                <td>dato</td>
            </tr>
            <tr>
                <td>dato</td>
                <td></td>
                <td>dato</td>
                <td>dato</td>
            </tr>
            <tr>
                <td>dato</td>
                <td>dato</td>
                <td>dato</td>
                <td></td>
            </tr>
        </tbody>
    </table>
</body>
</html>
```

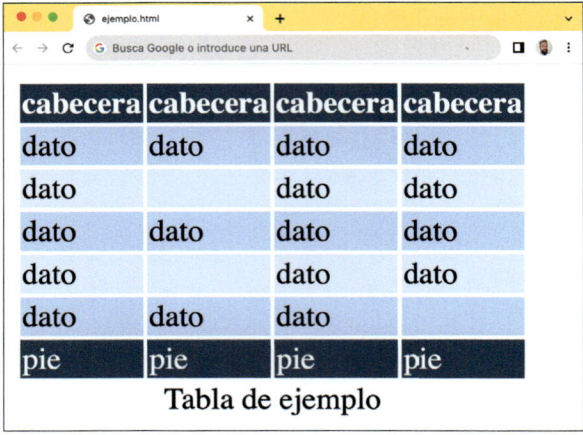

Fig. 1.70. Ejemplo de tabla con CSS.

Si quisiéramos añadir la funcionalidad de que, al pasar el ratón por cada celda, esta cambie de color, bastaría con añadir la siguiente regla al ejemplo anterior:

```
table.tabla td:hover
    {
        background-color:orange;
    }
```

Listas de elementos

En HTML se pueden crear dos tipos de listas de elementos, una no numerada, mediante la etiqueta <ul>, y otra numerada mediante la etiqueta <ol>. Los elementos que forman ambos tipos de listas se definirán con la etiqueta <li>.

Veamos un ejemplo en HTML de lista no numerada y numerada:

```
<h1>Lista No numerada</h1>
    <ul>
        <li>Tomate</li>
        <li>Aceite</li>
        <li>Pan</li>
        <li>Ajo</li>
        <li>Vinagre</li>
    </ul>
```

```
<h1>Lista numerada</h1>
    <ol>
        <li>Tomate</li>
        <li>Aceite</li>
        <li>Pan</li>
        <li>Ajo</li>
        <li>Vinagre</li>
    </ol>
```

Que queda de la siguiente forma:

Lista No numerada

- Tomate
- Aceite
- Pan
- Ajo
- Vinagre

Lista numerada

1. Tomate
2. Aceite
3. Pan
4. Ajo
5. Vinagre

Fig. 1.71. Ejemplo de listas numeradas y no numeradas.

Veamos algunos atributos que se pueden utilizar con las listas de elementos.

Las listas de elementos se utilizan mucho para crear menús de navegación.

List-style-type

Permite indicar el tipo de viñeta que se muestra en cada ítem de la lista.

Los posibles valores que puede tomar este atributo son:

- *disc*
- *circle*
- *square*
- *decimal*

- *decimal-leading-zero*
- *lower-roman*
- *upper-roman*
- *lower-greek*
- *lower-latin*
- *upper-latin*
- *armenia*
- *georgian*
- *lower-alpha*
- *upper-alpha*
- *none*

Veamos un ejemplo con cada uno de los tipos anteriores.

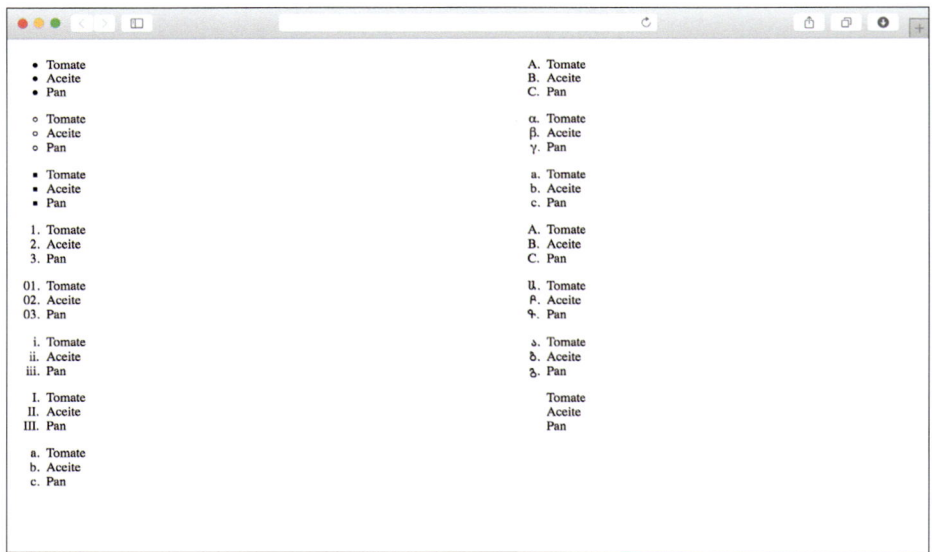

Fig. 1.72. Ejemplos de *list-style-type*.

List-style-position

El atributo *list-style-position* admite dos posibles valores: *inside* y *outside*, y sirve para indicar si queremos que la viñeta de numeración aparezca dentro del elemento que contiene la lista (*inside*) o fuera.

Miremos el siguiente ejemplo:

```
<html>
<head>
<style>
ul.inside
    {
        list-style-position: inside;
    }
ul.outside
    {
        list-style-type: outside;
    }

</style>
<body>

    <ul class='inside'>
        <li>Tomate</li>
        <li>Aceite</li>
        <li>Pan</li>
    </ul>
    <ul class='outside'>
        <li>Tomate</li>
        <li>Aceite</li>
        <li>Pan</li>
    </ul>

</body>
</head>
```

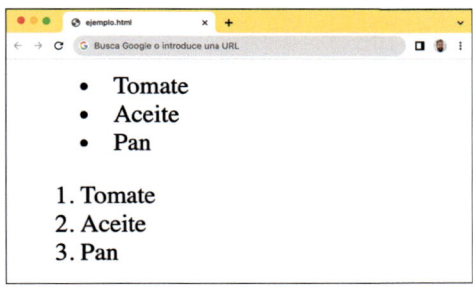

Fig. 1.73. Ejemplo de listas.

List-style-image

Puede ser que estemos interesados en crear una lista de elementos cuya viñeta sea personalizada, es decir, incluir una imagen personalizada como viñeta.

Para ello, tenemos que utilizar el atributo *list-style-image* e indicar la URL de la imagen que queremos utilizar como viñeta.

Fig. 1.74. Ejemplos de lista personalizada.

Menú vertical

La mayoría de páginas web contiene menús verticales u horizontales como elemento principal de navegación. Dichos menús se pueden implementar mediante listas no numeradas de elementos. Veamos un ejemplo:

```
<html>
<head>
<meta http-equiv="Content-Type" content="text/html;
charset=UTF-8" />
<style>
ul.menu {
    background: #ff9043;
    border: 1px solid #ff5058;
    border-radius: 10px;
    list-style: none;
    margin: 0;
    padding: 0;
    overflow: hidden;
    width: 20%;
}
ul.menu li {
```

```
      width: 100%;
}
ul.menu li a {
    border-top: 1px solid #ff5059;
    border-bottom: 1px solid #ff5058;
    color: #fff;
    display: block;
    padding: .3em;
    text-decoration: none;
}
</style>
<body>
<h1>Ejemplo menú horizontal</h1>
<ul class="menu">
    <li><a href="#">Opcion 1</a></li>
    <li><a href="#">Opcion 2</a></li>
    <li><a href="#">Opcion 3</a></li>
    <li><a href="#">Opcion 4</a></li>
    <li><a href="#" style="border-right: none">Opcion 5</
    a></li>
</ul>

</body>
</head>
```

Fig. 1.75. Ejemplo de menú vertical.

Menú horizontal

La mayoría de páginas web contiene menús horizontales o verticales como elemento principal de navegación. Dichos menús se pueden implementar mediante listas no numeradas de elementos. Veamos un ejemplo:

```
<html>
<head>
<meta http-equiv="Content-Type" content="text/html;
charset=UTF-8" />
<style>
ul.menu {
   background: #ff9043;
   border: 1px solid #ff5058;
   border-radius: 10px;
   list-style: none;
   margin: 0;
   padding: 0;
   overflow: hidden;
}
ul.menu li {
   float: left;
   width: 20%;
}
ul.menu li a {
   border-left: 1px solid #ff5059;
   border-right: 1px solid #ff5058;
   color: #efe474;
   display: block;
   padding: .3em;
   text-decoration: none;
}
</style>
<body>
<h1>Ejemplo menú horizontal</h1>
<ul class="menu">
   <li><a href="#">Opcion 1</a></li>
   <li><a href="#">Opcion 2</a></li>
   <li><a href="#">Opcion 3</a></li>
   <li><a href="#">Opcion 4</a></li>
   <li><a href="#" style="border-right: none">Opcion 5</a></li>
</ul>

</body>
</head>
```

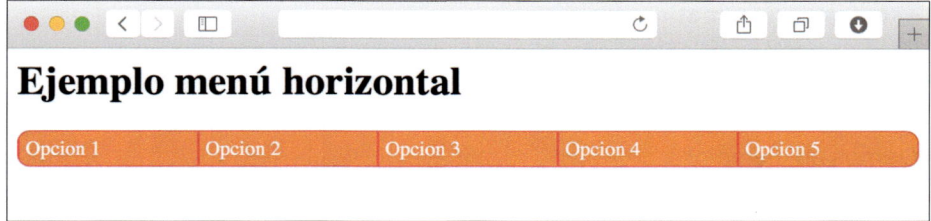

Fig. 1.76. Ejemplo de menú horizontal.

EJERCICIOS PROPUESTOS

1. Crea un horario semanal mediante tablas y hojas de estilo.

2. Crea un calendario mensual mediante tablas y hojas de estilo.

3. Crea una tabla como la que se muestra a continuación.

Lunes	Miércoles	Viernes
Spa	Fitness	Cardio
Karate	Spinning	Cardio

4. Crea mediante lista no numerada un menú de navegación basado en pestañas, como el que se muestra a continuación.

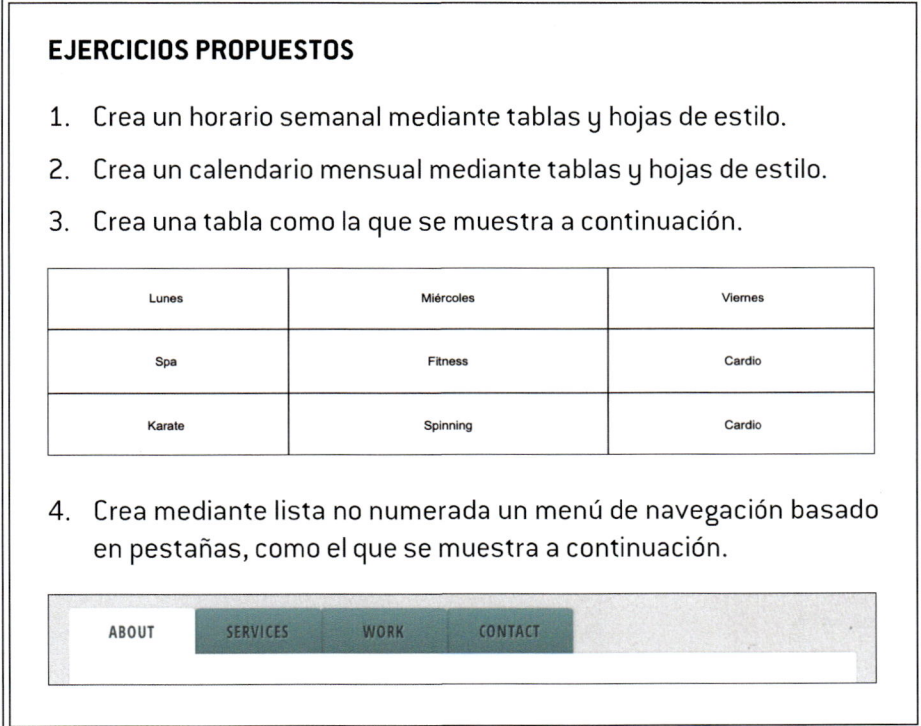

Animaciones en CSS3

Uno de los aspectos más interesantes de CSS3 son las animaciones. Mediante estilos se pueden conseguir efectos visuales bastante interesantes sin necesidad de utilizar tecnología intrusiva como Flash o JavaScript.

En este epígrafe vamos a dar unas pequeñas pinceladas a las animaciones en CSS3, ya que sería imposible tratarlo en profundidad en este manual.

@keyframe y animation-duration

La regla @keyframe nos permite definir una transición que el navegador hará de forma automática.

Veamos un ejemplo:

```
<html>
<head>
<style>
div {
    width: 100px;
    height: 100px;
    background-color: #ff00ea;
    animation-name: example;
    animation-duration: 4s;


}


@keyframes example {
    from {background-color: #ff00ea;}
    to {background-color: #ff9c00;}
}
</style>
</head>
<body>
    <div></div>
</body>
</html>
```

El código anterior dibuja un cuadrado de 100 píxeles de lado que cambia de color durante cuatro segundos.

Con la definición de la regla:

```
@keyframes example {
    from {background-color: #ff00ea;}
    to {background-color: #ff9c00;}
}
```

Indicamos que el color del fondo pase del color #ff00ea al color #ff9c00. Para poder utilizar dicha regla, tenemos que aplicarla a un componente determinado, lo cual se puede llevar a cabo con la siguiente regla:

```
div{
    animation-name: example;
    animation-duration: 4s;
}
```

Con *animation-name: example* indicamos que se realice la animación definida anteriormente y con *animation-duration* indicamos el tiempo de duración de la misma.

Invitamos al lector a que pruebe los distintos ejemplos que vamos mostrando, ya que al tratarse de transiciones, no se puede mostrar bien su funcionamiento mediante capturas de pantalla.

Fig. 1.77. Aspecto que mostraría el cuadro al finalizar la animación.

Veamos otro ejemplo:

```
<html>
<head>
<style>
div {
    width: 100px;
    height: 100px;
    background-color: red;
    position: relative;
    animation-name: example;
    animation-duration: 4s;
}
```

```
@keyframes example {
    0%    {background-color:red; left:0px; top:0px;}
    25%   {background-color:yellow; left:200px; top:0px;}
    50%   {background-color:blue; left:200px; top:200px;}
    75%   {background-color:green; left:0px; top:200px;}
    100% {background-color:red; left:0px; top:0px;}
}
</style>
</head>
<body>
    <div></div>
</body>
</html>
```

Al definir la regla:

```
@keyframes example {
    0%    {background-color:red; left:0px; top:0px;}
    25%   {background-color:yellow; left:200px; top:0px;}
    50%   {background-color:blue; left:200px; top:200px;}
    75%   {background-color:green; left:0px; top:200px;}
    100% {background-color:red; left:0px; top:0px;}
}
```

Estamos indicando que el objeto que lo implemente cambie de color rojo a amarillo, después a azul, después a verde y vuelva al color rojo. Todo esto al mismo tiempo que se va desplazando describiendo un cuadrado de 200 píxeles.

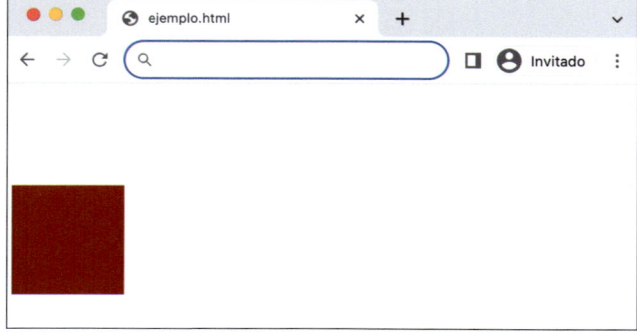

Fig. 1.78. Instante de la animación creada mediante CSS y HTML.

Animation-delay

Las animaciones mostradas anteriormente comienzan nada más cargar la página. Si queremos que comiencen con un retardo, habría que utilizar el atributo: *animation-delay,* indicando el tiempo que queremos de retardo.

Animation-timing-function

Por otra parte, tenemos el atributo *animation-timing-function* que nos permite definir la curva de velocidad del objeto en movimiento, es decir, podemos hacer que un objeto se mueva de forma constante o que tenga una velocidad mayor al principio y luego se vaya moviendo más despacio.

Veamos los valores que admite esta regla:

- *Linear:* la animación tiene velocidad constante.
- *Ease:* la animación empieza lenta, luego va más rápido y termina más lenta. Es el estilo por defecto.
- *Ease-in:* la animación empieza lenta.
- *Ease-out:* la animación termina lenta.
- *Ease-in-out:* la animación empieza y termina lenta.
- *Cubic-bezier(n,n,n,n):* permite personalizar la transición, cada argumento de cubic-bezier puede tomar valores decimales de 0 a 1. Ejemplo: cubic-bezier(0.25,0.5,0.75,1).

Animation-fill-mode

La propiedad *animation-fill-mode* especifica cómo debe comportarse el objeto antes y después de su ejecución.

Los posibles valores este atributo son:

- *Forwards:* cuando termine la animación, el objeto volverá al estado inicial del comienzo de la animación.
- *Backwards:* la animación terminará y se quedará en el estado final.
- *Both:* el objeto puede volver indistintamente a su estado inicial o final.

Animation-iteration-count

Permite indicar el número de veces que se repetirá la animación. Admite como posibles valores un número entero positivo o el valor *infinite.*

Veamos otro ejemplo:

```html
<html>
<head>
<style>
div {
    width: 100px;
    height: 100px;
    background: orange;
    border-radius: 10px;
    transition: width 2s;
}

div:hover {
    width: 300px;
}
</style>
</head>
<body>


<div></div>


</body>
</html>
```

El código anterior dibuja un cuadrado de color naranja con esquinas redondeadas que, cuando pasamos el ratón por encima de él, aumenta su ancho hasta 300 píxeles.

El objeto inicial sería el que se muestra en la siguiente imagen:

Fig. 1.79. Instante de la animación creada mediante CSS y HTML.

Y al pasar el ratón por encima de él, quedaría como se muestra en la siguiente figura:

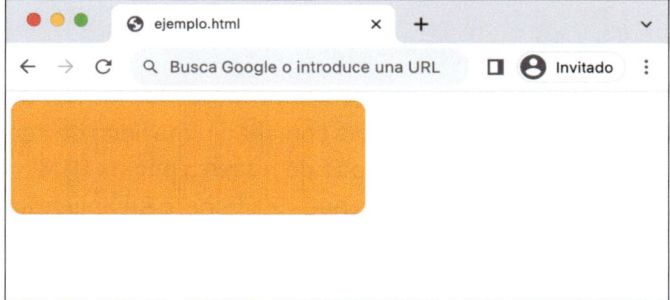

Fig. 1.80. Instante de la animación creada mediante CSS y HTML.

Transform

Las transformaciones permiten cambiar las propiedades de un objeto durante un intervalo de tiempo.

El atributo *transform* admite los siguientes valores:

- *Translate* (desplazamientoX, desplazamientoY)
- *Rotate* (grados)
- *Scale* (escalaX, escalaY)
- *SkewX* (grados)
- *SkewY* (grados)
- *Matrix* (rotación, escalaX, escalaY, desplazamientoX, desplazamientoY)
- *RotateX* ()
- *RotateY* ()
- *RotateZ* ()

1.6. Creación de ficheros de estilo

1.6.1. Definición de los ficheros de estilo

Un fichero de estilo es un documento de texto con extensión .css que contiene las reglas que se van a aplicar en nuestra página web.

Una vez que tengamos creado nuestro fichero, o ficheros de estilo, solamente tendríamos que incluirla en aquellas páginas web que queramos incluyendo la siguiente línea dentro del <head>:

```
<link href="rutaHoja.css" rel="stylesheet" type="text/css">
```

Para incluir una hoja de estilo, bastaría con añadir una línea de código como la anterior dentro de las etiquetas <head> de nuestra página HTML. De esta forma, las reglas de estilo definidas en nuestro fichero se aplicarían a nuestra página web.

Recordemos que el lenguaje CSS para definir estilos es un lenguaje en cascada, que permite separar la información contenida en la web de su aspecto.

1.6.2. Creación de ficheros de estilo genéricos

Para crear un fichero de estilo, nos basta con un editor de texto plano que permita guardar archivos con cualquier tipo de extensión, como el del bloc de notas de Microsoft, aunque existen algunos editores de texto específicos para los lenguajes de programación, que nos facilitan el trabajo, como es el caso de Visual Studio Code o Brackets, disponible para Mac Os, GNU/Linux y Microsoft Windows.

Aunque no existe una norma escrita, es recomendable definir primero las normas más genéricas, como aquellas que afectan al *body* (cuerpo general de la web) o a las etiquetas estándar de la web, como los *h1, a, div,* etc., y luego definir las reglas que afecten a las clases y a los ID.

```
 1 ▼ html{
 2        background-color: #efeafa;
 3
 4   }
 5 ▼ body{
 6        margin: 0 auto;
 7        padding: 2em 2em 4em;
 8        font-family: Helvetica, Arial;
 9        color: #545454;
10
11   }
12 ▼ h1{
13        color:#222222;
14        font-weight: 2em;
15   }
16 ▼ a{
17        color:#00820e;
18   }
```

Fig. 1.81. Aspecto de una hoja de estilo CSS.

Una vez que tengamos creado nuestro fichero, o ficheros de estilo, solamente tendríamos que incluirla en aquellas páginas web que queramos.

```
<link href="rutaHoja.css" rel="stylesheet" type="text/css">
```

A la hora de programar, siempre es recomendable documentar el código para que, cuando tengamos que hacer una actualización del mismo o alguien tenga que revisarlo, pueda entenderlo sin problemas. Esto se considera como una buena práctica de programación. Las hojas de estilo no son ajenas a estas buenas prácticas de programación, y por ello, recomendamos que se documenten. Para escribir un comentario dentro de la hoja de estilo, tenemos que hacerlo entre los símbolos /* como símbolo de apertura y */ como símbolo de cierre.

```
/* Esto es un ejemplo de comentario*/
a{
    color:#00820e;
}
```

Fig. 1.82. Ejemplo de comentario.

1.6.3. Adaptación de los ficheros de estilo para distintas páginas web

Hoy en día existen una gran variedad de dispositivos electrónicos que permiten conectarnos a internet y visualizar páginas web. Por este motivo, es conveniente realizar un diseño adaptable (*responsive design*) de nuestra web. Un diseño adaptable es aquel que asegura que nuestra web se verá correctamente independientemente del dispositivo que se utilice para su visualización.

De forma genérica, se suelen distinguir dos grupos de dispositivos: un primer grupo serían los ordenadores, que incluiría tanto los de sobremesa como los portátiles. Otro segundo grupo serían los dispositivos móviles, en el que se incluirían *smarthphones* y *tablets.* Viendo los dos grandes grupos en los que se pueden separar los dispositivos de navegación, podemos concluir que la principal diferencia entre ambos, desde el punto de vista de diseño, es el tamaño de la pantalla.

La técnica de diseño adaptable más utilizada consiste en crear varias hojas de estilo, una para cada grupo de dispositivos electrónicos. Una será la hoja genérica, que tendrá la mayoría de reglas de estilo, y la otra, que será la adaptada para los distintos *gadgets* electrónicos, incluirá reglas en función del tamaño de la pantalla. Recomendamos que si una hoja de estilo se llama estilo.css, la otra se llamará *estilo-responsive.css;* de esta forma, solo con el nombre sabremos el objetivo de cada una de ellas.

Cuando diseñemos una web teniendo en cuenta la característica de que se adapte al dispositivo utilizado, tenemos que fijarnos generalmente en aquellos ítems cuya naturaleza haría que no fueran útiles en un dispositivo táctil, ya que aquí no tenemos atributos como *hover*. Veamos un ejemplo de web que cambia su aspecto y su funcionalidad dependiendo de si utilizamos un ordenador o un dispositivo electrónico. En concreto, aparte de otros aspectos, cambia el estilo del menú principal, ya que en la versión para ordenador, este actúa ante el evento de pasar el ratón por encima de los títulos del menú.

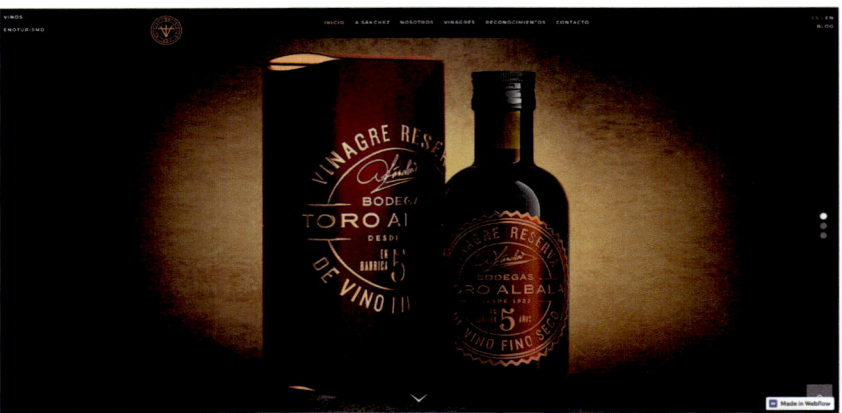

Fig. 1.83. Aspecto de la web de Toro Albalá en su versión estándar.

En la versión móvil, el menú aparece como un icono en la parte superior, y actúa ante los eventos relacionados con presionar la pantalla, mostrando un menú en la parte central de nuestra pantalla.

Fig. 1.84. Aspecto de la web de Toro Albalá en la versión móvil.

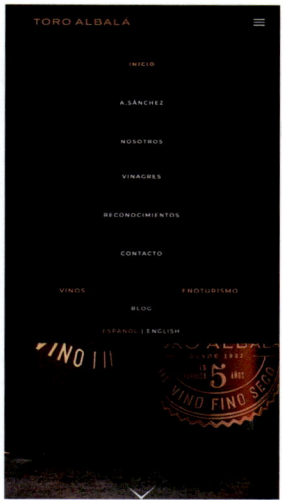

Fig. 1.85. Aspecto de la web de Toro Albalá en la versión móvil.

Para conseguir que nuestra página se muestre de forma diferente en función del dispositivo que se utilice para visualizarla, tenemos que crear dos ficheros de estilo. Uno contendrá las reglas de estilo relacionadas con la visualización en un ordenador y el otro, las reglas que adapten la interfaz de nuestra web a los dispositivos móviles.

Una vez que tengamos nuestras dos hojas de estilo, en la estándar crearemos las reglas generales del menú de navegación. Mientras que en la hoja de estilo responsiva, tendremos que diferenciar las reglas en función del tamaño de la pantalla, y esta diferenciación se consigue de la siguiente forma:

```
@media (max-width: 1199px)
{
/*Aquí irían todas las reglas que queremos que afecten a
dispositivos con una resolución de pantalla comprendida
máxima de 1199 píxeles.*/

}
```

Dentro de dicha etiqueta, crearemos todas las reglas destinadas a ser utilizadas en dispositivos con pantallas que tengan una resolución de 1199 píxeles, como máximo, de ancho.

También podríamos crear reglas para intervalos de tamaño de la siguiente forma:

```
@media (min-width: 980px) and (max-width: 1199px)
{


}
```

Incluso podemos crear varios estilos en función del tamaño de la pantalla, pudiendo tener varios intervalos de tamaño.

```
@media (min-width: 980px) and (max-width: 1199px)
{
/*Aquí irían todas las reglas que queremos que afecten a
dispositivos con una resolución de pantalla comprendida
entre 980 píxeles y 1199 píxeles.*/
}
@media (min-width: 768px) and (max-width: 979px)
{
/*Aquí irían todas las reglas que queremos que afecten a
dispositivos con una resolución de pantalla comprendida
entre 768 píxeles y 979 píxeles.*/


}
@media (min-width: 600px) and (max-width: 767px)
{
/*Aquí irían todas las reglas que queremos que afecten a
dispositivos con una resolución de pantalla comprendida
entre 600 píxeles y 767 píxeles.*/


}
@media(max-width:599px)
{
/*Aquí irían todas las reglas que queremos que afecten a
dispositivos con una resolución de pantalla como máximo
de 599 píxeles.*/
}
```

Las reglas anteriores solo afectarían a dispositivos con una resolución de pantalla menor de 1200 píxeles.

```
 1    @media (min-width: 980px) and (max-width: 1199px)
 2  ▼ {
 3        .principal
 4  ▼     {
 5        width:980px;
 6        }
 7
 8    }
 9    @media (min-width: 768px) and (max-width: 979px)
10  ▼ {
11        .principal
12  ▼     {
13        width:768px;
14        }
15
16    }
17    @media (min-width: 600px) and (max-width: 767px)
18  ▼ {
19        .principal
20  ▼     {
21        width:600px;
22        }
23
24    }
25    @media(max-width:599px)
26  ▼ {
27        .principalMenu
28  ▼     {
29        width:300px;
30        }
31    }
32
```

Fig. 1.86. Ejemplo de fichero CSS responsiva.

1.6.4. Jerarquía de los ficheros CSS

CSS es el acrónimo de *Cascading Style Sheets,* es decir, lenguaje de estilo en cascada, que permite definir el aspecto de las páginas HTML de forma jerárquica.

Es un lenguaje en cascada porque la prioridad de aplicación de las reglas se basa en un orden jerárquico.

A la hora de definir el orden de relevancia de las reglas de los ficheros CSS, tenemos que tener en cuenta tres aspectos: la definición en cascada, la especificidad y el atributo *!important.*

1.6.4.1. Cascada

Como su propio nombre indica, el lenguaje de estilos CSS es un lenguaje en cascada, lo que quiere decir que, en el caso de que haya varias reglas de estilo definidas para un mismo elemento, prevalecerá y se aplicará la que tenga mayor prioridad. La prioridad de dichas reglas viene indicada por su especificidad; en caso de igualdad de especificidad, prevalecerá la última regla definida. Veremos en el siguiente epígrafe cómo se puede calcular la especificidad de una regla.

1.6.4.2. Especificidad

La especificidad es una representación numérica de cuatro cifras que permite indicar lo específico que es un selector. Para calcular la especificidad de una regla, hay que aplicar las siguientes reglas:

- Cada descriptor de elemento aporta 0-0-0-1.

- Cada clase, seudoclase o descriptor de atributo aporta 0-0-1-0.

- Cada descriptor ID aporta 0-1-0-0.

- Los selectores definidos en línea aportan una especificidad de 1-0-0-0, por lo que un selector en línea siempre prevalece.

Prevalecerá aquella regla cuya especificidad tenga un número mayor de izquierda a derecha, es decir, 1-0-0-0 prevalecerá sobre 0-0-23-0. Y 0-0-1-0 prevalecerá sobre 0-0-0-21.

Veamos ejemplos de cómo calcular la especificidad:

SELECTOR	ESTILO	ID	CLASE	ELEMENTO	ESPECIFICIDAD
div ul ul li	0	0	0	4	0-0-0-4
a:hover	0	0	1	1	0-0-1-1
div.lista ul li	0	0	1	3	0-0-1-3
div.navegacion a:hover	0	0	2	2	0-0-2-2
#identificador span	0	1	0	1	0-1-0-1
Style="..." (en línea)	1	0	0	0	1-0-0-0

Los selectores de la tabla anterior están ordenados de menor a mayor especificidad, teniendo más relevancia el último de la tabla y menos el primero.

En el caso de que dos elementos tengan la misma especificidad, prevalece la última regla definida.

1.6.4.3. Regla *!important*

Existe la orden *!important* que añadida como valor de una propiedad en una regla de estilo hace que dicha propiedad rompa cualquier orden jerárquico del navegador y tenga una mayor relevancia.

Por ejemplo, si definiéramos las siguientes reglas:

```
h1
{
    text-size:20px;
    color: red;
}
h1
{
    text-size:24px;
color:blue;
}
```

Al definir en el código HTML un h1, tomaría los valores de la segunda regla, es decir, el texto sería de color azul (*blue*) y tendría un tamaño de 24 píxeles por una sencilla razón: esta regla es la última en definirse.

Si ahora cambiáramos las definiciones anteriores por la siguiente:

```
h1
{
    text-size:20px;
    color: red !important;
}
h1
{
    text-size:24px;
color:blue;
}
```

Ahora, al definir un título de tipo h1, este sería de color rojo y tendría un tamaño de 24 píxeles.

1.6.4.4. Resumen jerarquía CSS

Podríamos definir la jerarquía de las reglas CSS de la siguiente forma:

1. El navegador detectará los estilos definidos en línea, que serán los que más prioridad tengan.

2. El navegador detectará los estilos definidos con la regla *!important* que tendrán mayor relevancia.

3. Calculará la especificidad de las reglas y, en caso de conflicto, prevalecerá la que tenga una mayor especificidad.

4. En caso de conflicto entre dos reglas de mayor especificidad, tendrá mayor importancia la que se haya definido más tarde, acorde a la normativa de cascada.

2. Diseño, ubicación y optimización de los contenidos de una página web

Contenido

2.1. Creación de un documento funcional

A la hora de desarrollar un portal web, tenemos que tener claro qué objetivos pretendemos alcanzar con la realización del mismo. Por este motivo, es fundamental hacer un análisis de los requisitos funcionales de nuestro proyecto, así como de sus requisitos técnicos.

Para identificar los requisitos funcionales es recomendable desarrollar un documento funcional en el que se identifiquen los objetivos que pretendemos alcanzar con la realización de nuestro proyecto. Si el desarrollo es un encargo profesional, en la identificación de dichos objetivos tendrá que participar también el cliente.

Tendremos que identificar los distintos tipos de usuarios que interactuarán con nuestra web y los roles que jugaran; por ejemplo, los administradores del portal tendrán acceso a una información a la que no podrán acceder los clientes normales. En este caso, habría que definir cómo un usuario se convierte en administrador, qué permisos tendrá y cómo accederá al portal para ejercer de administrador.

Una vez identificados los requisitos funcionales, tendríamos que identificar los requisitos técnicos de nuestro proyecto. Tendremos que identificar el lenguaje de programación que se va a utilizar, el modelo de desarrollo, mantenimiento, las pruebas *software,* la arquitectura de nuestro portal web, etc. Debido a que no es el objetivo de este curso, no nos vamos a centrar en la identificación de requisitos técnicos y nos centraremos únicamente en la identificación de requisitos funcionales.

2.1.1. Descripción de los objetivos de la página web

Lo primero que tenemos que hacer es identificar los aspectos funcionales de nuestro proyecto. Para ello, lo más recomendable es crearnos un documento de texto en el que identifiquemos dichos aspectos, respondiéndonos a una serie de preguntas, de la forma más detallada posible, como las que describimos a continuación.

- **¿Qué tipo de portal web queremos?** Lo primero que tenemos que identificar es el tipo de portal web que queremos desarrollar, ya que no es lo mismo una tienda *online* para vender nuestros productos, que una página web que muestre información de algún producto en concreto. De forma general, podemos distinguir los siguientes tipos de páginas:

  — Portfolio: en la que se mostrará trabajos realizados, sea del tipo que sea.

  — Tienda *online:* para vender productos por internet.

- Comunidad virtual/red social: página que agrupará a usuarios con intereses comunes.

- Página informativa: donde se muestra información de nuestra empresa o de algún producto o evento en particular.

- Noticias: página muy dinámica donde se van mostrando las noticias de actualidad.

- Blog: bitácora en la que se va mostrando información a modo de diario digital.

- Miscelánea: aquellas páginas que no puedan ser agrupadas en ninguno de los grupos anteriores.

- **¿De qué tema va a tratar nuestra web?** Siempre y cuando sea posible, es conveniente identificar los temas de los que va a tratar nuestro sitio web.

- **¿Quién será a priori el público de nuestra web?** Tendremos que identificar los usuarios que harán uso de nuestra web en función de sus características. Por ejemplo, si la temática de la web son los festivales de verano, es muy probable que nuestra página web esté orientada a usuarios de entre 20 y 35 años.

- **¿Será una página web dinámica o estática?¿Quién generará su contenido?** Es decir, la web se actualizará continuamente o servirá como una tarjeta de visita, con una información estática que apenas se cambiará durante su ciclo de vida. También es fundamental identificar, en el caso de que la web sea dinámica, quién llevará a cabo las actualizaciones.

- **¿Qué tipo de contenido multimedia incluirá nuestra web?** Tenemos que identificar si solo se incluirá texto, o si se incluirán también imágenes, o vídeo, o si el pilar fundamental de nuestra web será el contenido audiovisual frente al texto, etc.

Una vez que tengamos definidos dichos aspectos funcionales, es importante identificar los objetivos que queremos alcanzar con nuestro portal web, como por ejemplo:

- Dar a conocer un nuevo producto.

- Vender nuestros productos por internet.

- Contactar con posibles clientes.

- Dar a conocer nuestros horarios de trabajo.

- Dar a conocer otros trabajos realizados por nuestra empresa.

- Dar a conocer la historia de una ciudad y su patrimonio cultural.

- Dar a conocer información turística de un municipio.

- Vender entradas para un evento por internet.

- Informar sobre un evento determinado.

En definitiva, tenemos que identificar de forma clara qué objetivos pretendemos alcanzar con la realización de nuestra página.

Es importante también identificar, cuando el desarrollo sea un encargo profesional, quién nos proporcionará la información que se va a alojar en la web. Es muy importante que esto quede bien claro desde el principio, ya que luego vendrán los quebraderos de cabeza, y generalmente se nos pedirán trabajos que no habíamos contemplado en el proyecto inicial, como por ejemplo, la toma de fotografías. También si queremos controlar la calidad del proyecto desde el principio hasta el final, en aquellas páginas en las que los contenidos gráficos tomen un peso relevante, es importante que nos aseguremos de que las imágenes que nos ofrezca el cliente sean de calidad.

Una vez hayamos identificado los objetivos de nuestro proyecto, elaboraremos un documento lo más detallado posible que servirá de proyecto inicial y a través del cual se puede elaborar el presupuesto de nuestro trabajo.

2.1.2. Definición de los elementos funcionales de la página web

Uno de los errores más comunes a la hora de diseñar un portal web es hacerlo sin elaborar un análisis funcional del mismo; esto hará que nuestro proyecto se alargue en el tiempo, que perdamos el tiempo en rediseñar elementos que no tuvimos en cuenta al principio y que se eleven los costes del desarrollo.

Dentro del documento funcional tenemos que identificar aquellos elementos de nuestra página que tengan una funcionalidad en concreto. Por ejemplo, si estamos diseñando una red social para usuarios registrados, un elemento funcional que tendríamos que definir de forma clara sería el formulario de acceso o de alta, ya que será un elemento clave en nuestro portal.

> Es fundamental hacer un buen análisis funcional al principio y dejar bien definidos los objetivos de nuestro proyecto para luego evitar modificaciones por parte del cliente derivadas de una mala definición inicial del proyecto, suponiendo un trabajo extra que generalmente no estará remunerado y provocará una mala relación con nuestro cliente.

Fig. 2.1. Ejemplo de formulario de acceso y de registro.

Si el portal que vamos a desarrollar es una tienda virtual, uno de los elementos funcionales que tendríamos que definir en el desarrollo inicial sería la cesta de la compra.

Fig. 2.2. Ejemplo de carro de la compra.

De forma genérica podemos encontrar elementos funcionales que estarán presentes en la mayoría de proyectos web. Dentro de estos elementos, podemos identificar los sistemas de navegación, los formularios de contacto, la página principal de inicio, los *banners* publicitarios, el pie de página, la barra de búsqueda, la cabecera de la página, en la cual se incluirá el logotipo de la misma, etc.

Por ejemplo, si desarrollamos una tienda virtual, identificaremos los siguientes elementos funcionales:

1. **Menú de categorías y subcategorías**: se corresponde con uno de los menús más importantes de la aplicación, en el cual se van a encontrar las diferentes categorías y subcategorías existentes en el sistema, en los cuales se encuentran categorizados los artículos de la tienda.

2. **Menú principal**: este ítem es el menú principal de la aplicación, el cual va a permitir al usuario a acceder a las principales funcionalidades que proporciona el sistema de cara a los usuarios.

3. **Zona informativa**: este elemento representa la zona de la tienda en la que se muestra la información principal del sistema. Información como los artículos disponibles de la tienda, los datos de usuario, etc. Información que se mostrará al interactuar con los otros elementos de la interfaz.

4. **Panel de login**: el panel de *login* es el ítem que va a permitir a un usuario acceder como registrado, así como acceder a las opciones para registrarse.

5. **Barra de búsqueda**: toda página web debe de tener una opción de búsqueda, y en este caso, la barra de búsqueda va a permitir al usuario buscar la información relativa a los artículos disponibles en la tienda.

6. **Publicidad**: nuestra tienda va a tener la opción de poder añadir publicidad que será mostrada al usuario en la interfaz general, pudiendo tener de esta forma el propietario de la tienda otra fuente de beneficio alternativa a las ventas de productos.

7. **Logotipo**: este ítem representa el logo de la marca comercial correspondiente a la tienda virtual.

8. **Carrito de la compra**: por motivos de usabilidad hemos decidido que en todo momento se le muestre al usuario el estado de su carrito de la compra, para no tener que estar realizando molestas consultas de su estado, y solamente tener que consultar este para llevar a cabo su pedido.

9. **Panel de lenguaje**: el panel de lenguaje va a mostrar la información relacionada con los diferentes idiomas en los que estará disponible la interfaz general de nuestro sistema.

10. **Paneles informativos**: los paneles informativos, o galerías, van a servir para mostrar información sobre los artículos de la tienda, información como los artículos en oferta, los más votados, los más comprados o todos los artículos existentes en ella, entre otros.

11. *Pie de página:* en la gran mayoría de páginas web existe un pie de página para añadir información relativa a la página.

IMPORTANTE: Debido a las directivas europeas en materia de servicios de internet y comercio electrónico, y a la correspondiente adaptación de la legislación española, desde el pasado 30 de marzo del 2013, estamos obligados a informar a los usuarios si nuestra web instala *cookies* en el ordenador del cliente que la visite. Por este motivo, otro elemento funcional a tener en cuenta será el *banner* informativo con dicha peculiaridad, así como la página informativa sobre tal hecho.

Fig. 2.3. Ejemplo de mensaje de *cookies.*

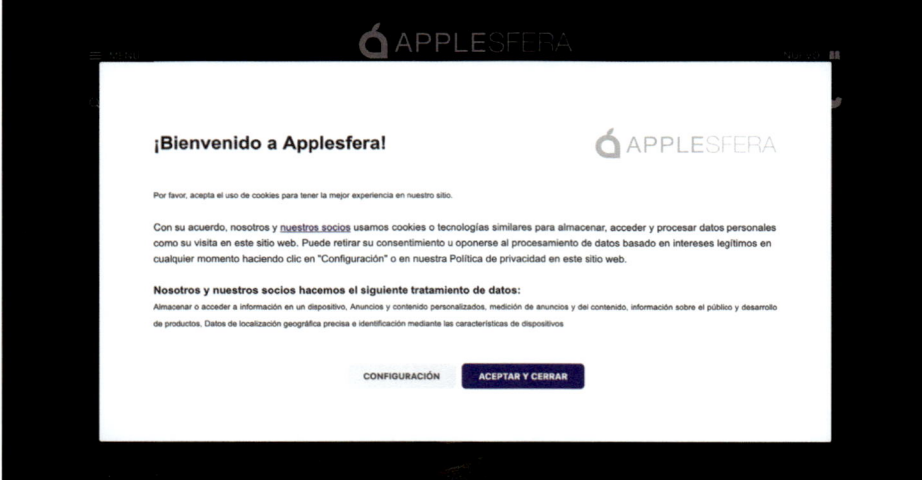

Fig. 2.4. Ejemplo de mensaje de *cookies.*

2.1.3. Descripción de cada elemento

Una vez que hayamos identificado los elementos funcionales de nuestro portal web, tendríamos que llevar a cabo una descripción detallada de cada uno de ellos, haciendo especial hincapié en los siguientes aspectos:

- Descripción funcional: es decir, qué hace; para lo cual, haremos una descripción textual de su comportamiento.

- Descripción técnica: es decir, cómo lo hace. Generalmente será implementado utilizando HTML5 y JavaScript (empleando algún *framework* o librería) en el lado del cliente, y PHP, Ruby, Asp.net, Python, JavaScript o Java en el lado del servidor (bien en código nativo o usando algún *framework*).

- Descripción visual: indicando el aspecto que tendrá nuestro componente funcional; el cual será luego aplicado mediante una hoja de estilo.

> Un *framework* es un conjunto de herramientas que proporcionan una base para el desarrollo de aplicaciones *software* que permiten acelerarlo. Existen *frameworks* de infinidad de lenguajes, como son Laravel en PHP o Django en Python.

ACTIVIDADES PROPUESTAS

1. Visita la web www.apple.es e identifica y describe al menos seis elementos funcionales.

2. Visita la web www.amazon.es e identifica y describe al menos seis elementos funcionales.

3. Imagina que nos contratan para realizar una tienda virtual para vender vinagres de la DO Montilla-Moriles. Realiza un documento funcional de esta identificando y describiendo los elementos funcionales que identifiques. Realiza un esbozo de la misma a mano o a ordenador.

4. Imagina que hemos desarrollado una *app* para el móvil y queremos realizar una página de producto. ¿Qué elementos funcionales identificarías? Realiza un esbozo de la misma.

2.2. Diseño de los contenidos

2.2.1. Diseño inicial de los contenidos

El diseño de nuestra web es fundamental para determinar la usabilidad de la misma. Por usabilidad entendemos la facilidad que encontrará el usuario al interactuar con ella, y a mayor usabilidad, la experiencia del usuario será mejor, lo que puede traducirse en un cliente satisfecho. Si por ejemplo estamos ante una tienda virtual, los clientes satisfechos pueden convertirse a la larga en clientes fieles a nuestro producto.

Además de aplicar las reglas de usabilidad y accesibilidad a la hora de diseñar una página web, tenemos que tener en cuenta los siguientes aspectos:

- Utilizar combinaciones de colores apropiadas. Si el fondo es oscuro, la letra tendrá que ser clara y viceversa. Evitar colores que puedan resultar molestos.

- Evitar animaciones que puedan marear al usuario.

- Evitar fondos con imágenes que dificulten la lectura de la web.

- Utilizar un formato de texto adecuado, evitando muchos tipos de letra en una misma web, letras en cursiva, o textos en movimiento.

- Evitar la utilización de *frames*.

- Diseñar nuestra web desde el principio pensando en la usabilidad y en la accesibilidad de la misma.

- Tener en cuenta en todo momento el posicionamiento SEO, por lo que tenemos que procurar llevar a cabo diseños que faciliten dicho posicionamiento por los buscadores más importantes de internet.

> SEO significa *Search Engine Optimization* y hace mención a las técnicas y estrategias utilizadas para mejorar la visilibdad y la clasificación de una página web en los resultados de búsqueda orgánica de motores de búsqueda como Google o Bing.

Con el diseño de los contenidos tenemos que llevar a cabo el diseño de la interfaz de nuestra página, la cual facilitará la experiencia de los usuarios al navegar por ella.

Dentro del diseño de las interfaces, Ben Shneiderman en su libro *Designing the User Interface,* identifican lo que se consideran las ocho reglas de oro para diseñar interfaces:

1. Buscar la coherencia. Los mensajes que mostremos tienen que ser claros y precisos, las pantallas tienen que tener aspecto similar cuando su objetivo es parecido, el menú principal debe de ser siempre el mismo y estar presente en todo momento.

2. Facilitar la utilización a usuarios frecuentes. Esto se consigue mediante la utilización de *cookies.* Si un usuario visita una tienda *online* buscando siempre información de vaqueros, es muy importante que dicha tienda aprenda de los hábitos del usuario y, cuando acceda a la tienda, la página de inicio muestre información de vaqueros.

3. Ofrecer comentarios informativos. Es conveniente que los usuarios encuentren retroalimentación que les informe de los pasos a dar en la web y sobre cómo navegar en la página.

4. Diseña acciones secuenciales, que tengan un principio y un fin.

5. Errores simples, claros y concisos.

6. Fácil retroceso de las acciones.

7. Apoyo al usuario con una interfaz amigable.

8. Reducir la carga de memoria por parte de los usuarios.

Estas normas pueden aplicarse también al diseño de contenidos en las páginas web.

2.2.2. Atributos de estilo para el diseño de contenidos

A la hora de implementar el esbozo de diseño a hojas de estilo, podemos usar una serie de componentes HTML unidos a reglas de estilo CSS para conseguir que nuestra página se parezca al diseño realizado.

La principal etiqueta para maquetar nuestro contenido web es la etiqueta *div.* Con esta etiqueta podemos definir un bloque de contenido y mediante CSS colocar dicho contenido. Se pueden incluir bloques de contenidos dentro de otros bloques.

Los contenedores pueden ser únicos en cada página, por lo que tendrán que tener asociado un identificador en el atributo *id,* o podrán ser genéricos, por lo que es conveniente que pertenezcan a una clase determinada, la cual será indicada en el atributo *class*.

Imaginemos que queremos diseñar la siguiente página:

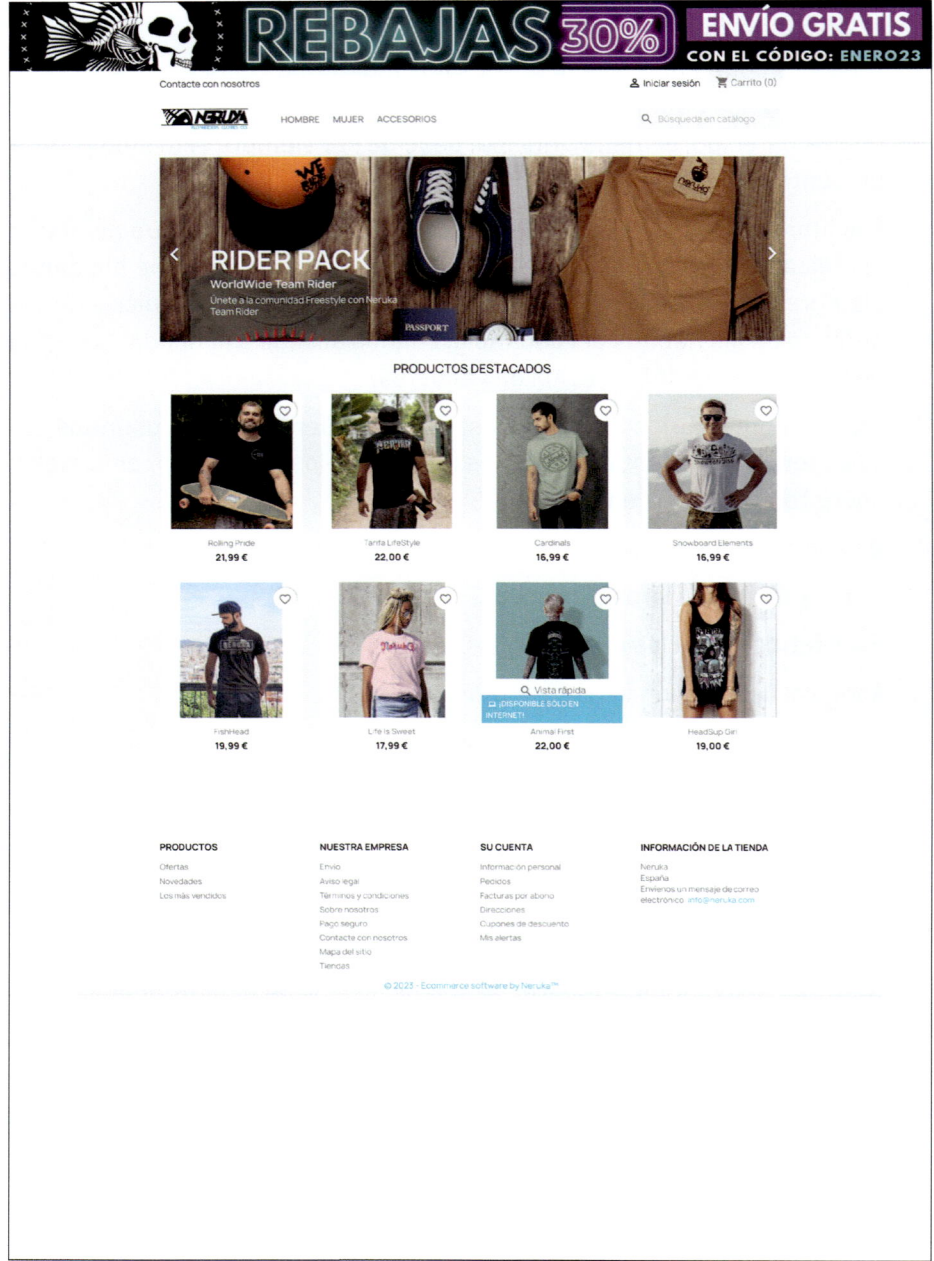

Fig. 2.5. Web de neruka.com propuesta como ejemplo.

Podríamos definir los siguientes contenedores.

Fig. 2.6. Página principal de neruka.com dividida por contendores principales.

De esta forma, podríamos maquetar fácilmente nuestra página web. Luego, aparte de los contenedores principales que podemos observar en la imagen anterior, dentro de cada uno podríamos tener a su vez más contenedores para facilitar la maquetación.

IMPORTANTE: Nunca se deben utilizar tablas (<table>) para maquetar, puesto que nuestra web no será accesible, ya que los lectores de pantalla utilizados por invidentes detectarán la tabla usada para maquetar como datos tabulados y confundirán al usuario.

Podría quedar de la siguiente forma:

```
<html>
<head>
</head>
<body>
    <div class="cabecera">
    ….
    </div>
    <div class="zonaPrincipal">
    ….
    </div>
    <div class="piePagina">
    ….
    </div>
</body>
</html>
```

Una vez definidos los contenedores, incluiríamos el contenido dentro de los mismos. Para ubicar cada contenedor en la zona que queramos, tenemos que hacer uso de hojas deestilo; para ello, utilizaremos los atributos que veremos a continuación.

2.2.3. Posicionamiento de los contenedores de contenido

Para colocar los contenedores (<div>) en la posición que corresponda podemos utilizar varias técnicas.

Posicionamiento flotante

Es la más utilizada y se puede indicar mediante el atributo de estilo *float*. Dicho atributo permite que la capa "flote" en la pantalla, pudiendo ponerla a la izquierda o a la derecha. Este atributo no solo sirve para capas de contenido (*div*), sino que se puede utilizar para la gran mayoría de elementos web, como por ejemplo las imágenes.

- Left: el elemento flota a la izquierda.

- Right: el elemento flota a la derecha.

- None: el elemento se muestra justo en la posición en la que corresponde por su ubicación en el código HTML.

Veamos un ejemplo en el que dividimos la web en zonas.

```html
<html>
<head>
    <style>
        .cabecera
        {
                height: 200px;
                width: 100%;
                background-color: red;
        }
        .columnaIzquierda
        {
                height: 200px;
                width: 10%;
                background-color: orange;
                float:left;
        }
        .columnaDerecha
        {
                height: 200px;
                width: 10%;
                background-color: green;
                float:right;

        }
        .zonaCentral
        {
                height: 200px;
                width:80%;
                background-color: aqua;
                float: left;
        }
        .piePagina
        {
                height: 200px;
                width: 100%;
                background-color: beige;
                float:none;
        }
```

```
</style>
</head>
<body>
<div class="cabecera">
    <h1>Cabecera</h1>
</div>

<div class="columnaIzquierda">
   Columna Izquierda
</div>

    <div class="zonaCentral">
        <h1>Zona central</h1>
    </div>
    <div class="columnaDerecha">
        Columna Derecha
    </div>

    <div class="piePagina">
        <h2>Pie de pagina</h2>
</div>
</body>
</html>
```

La web quedaría con el siguiente aspecto:

Fig. 2.7. Ejemplo de página dividida por contendores con hojas de estilo.

El atributo *float* también podría aplicarse a cualquier elemento web que ocupe una ubicación determinada en la web, como por ejemplo, un párrafo o una imagen. Veamos algunos ejemplos más:

```html
<html>
<head>
<meta http-equiv="Content-Type" content="text/html;
charset=UTF-8" />
    <style>
        .elementoIzquierda{
            float:left;
        }

        .elementoDerecha
        {
            width: 10%;
            float:right;

        }


</style>
</head>
<body>
<img src='foto1.jpg' class="elementoIzquierda"/>
<img src='foto2.jpg' class="elementoDerecha"/>
<p class='elementoDerecha'>Reina en mi espíritu una alegría admirable, muy parecida a las dulces alboradas de la primavera, de que gozo aquí con delicia. Estoy solo, y me felicito de vivir en este país, el más a propósito para almas como la mía, soy tan dichoso, mi querido amigo, me sojuzga de tal modo la idea de reposar, que no me ocupo de mi arte. Ahora no sabría dibujar, ni siquiera hacer una línea con el lápiz; y, sin embargo, jamás he sido mejor pintor Cuando el valle se vela en torno mío con un encaje de vapores; cuando el sol de mediodía centellea sobre la impenetrable sombra de mi bosque sin conseguir otra cosa que filtrar entre las hojas algunos rayos que penetran hasta el fondo del santuario, cuando recostado sobre la crecida hierba, cerca de la cascada, mi vista, más próxima a la tierra, descubre multitud de menudas y diversas plantas; cuando siento más cerca de mi corazón los rumores de vida de ese pequeño mundo que palpita en los tallos de las hojas, y veo las formas innumerables e infinitas de los gusanillos y de los insectos; cuando siento, en fin, la presencia del Todopoderoso, que nos ha creado</p>

</body>
</html>
```

Hemos creado dos clases: una para elementos flotantes a la izquierda de la web y otra para elementos flotantes a la derecha de la web. Veamos cómo quedan al aplicarlas a diferentes elementos.

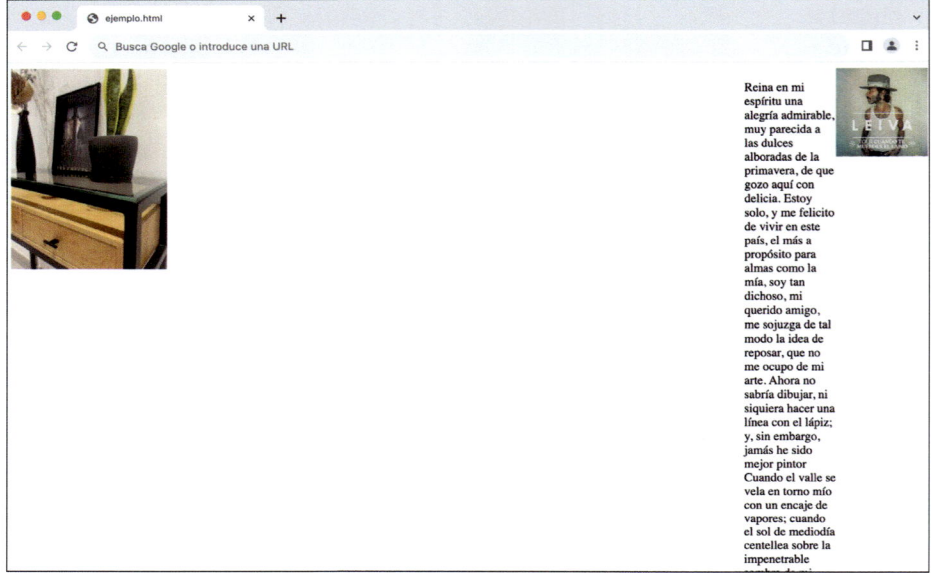

Fig. 2.8. Ejemplo de página con elementos flotantes.

Posicionamiento *inline-block*

A pesar de la versatilidad que nos ofrece el atributo *float,* la tendencia es utilizar *inline-block* en lugar de *float,* ya que nos permite generar webs más amigables y con un diseño más *responsive,* es decir, que se adapte mejor al tamaño del dispositvo desde el que estemos visualizando la web.

La propiedad *inline-block* es útil para poder colocar elementos uno a continuación de otro. A diferencia de la propiedad *display:block,* con la propiedad *display:inline-block,* al finalizar el elemento que tiene dicha propiedad, no se incluye automáticamente un salto de línea y se podría ubicar otro, siempre y cuando el ancho de la pantalla lo permita.

Veamos un ejemplo:

```
<html>
<head>
<style>
.menu-elemento {
    display: inline-block;
```

```
    width: 50px;
    height: 20px;
    margin-right: 5px; /* Espacio entre elementos */
}
</style>
</head>
<body>

<ul>
    <li class="menu-elemento">Inicio</li>
    <li class="menu-elemento">Historia</li>
    <li class="menu-elemento">Galeria</li>
    <li class="menu-elemento">Contacto</li>
</ul>
</body>
</html>
```

Que queda de la siguiente forma:

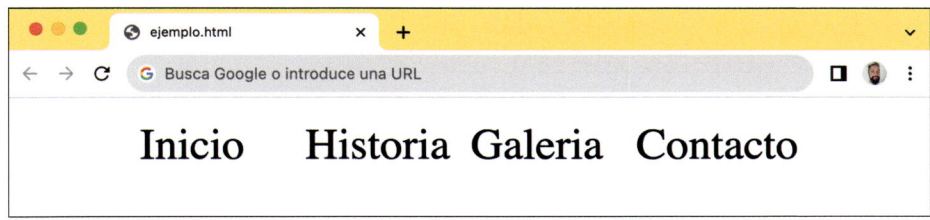

Fig. 2.9. Ejemplo de página con *display inline-block*.

Si por ejemplo el ancho de la pantalla fuera menor que el espacio ocupado por los elementos, se introduciría automáticamente un salto de línea, lo que quedaría de la siguiente forma:

Fig. 2.10. Ejemplo de página con elementos flotantes.

147

Posicionamiento absoluto

Aparte del posicionamiento flotante, que es el más utilizado, también podemos ubicar los elementos en nuestra página web mediante un posicionamiento absoluto. Este posicionamiento permite ubicar un elemento en una posición exacta, indicando que la posición es absoluta con el atributo *position:absolute;* la distancia desde la parte superior con el atributo *top* y la distancia desde el margen izquierdo con el atributo *left*. Veamos un ejemplo:

```html
<html>
<head>
<style>
        .posicionamientoAbsoluto1{
                position: absolute;
                top: 106px;
                left: 213px;
                width: 200px;

        }
        .posicionamientoAbsoluto2{
                position: absolute;
                top: 306px;
                left: 503px;
                width: 100px;

        }

</style>
</head>
<body>
<img src='foto1.jpg' class="posicionamientoAbsoluto1"/>
<img src='foto2.jpg' class="posicionamientoAbsoluto2"/>

</body>
</html>
```

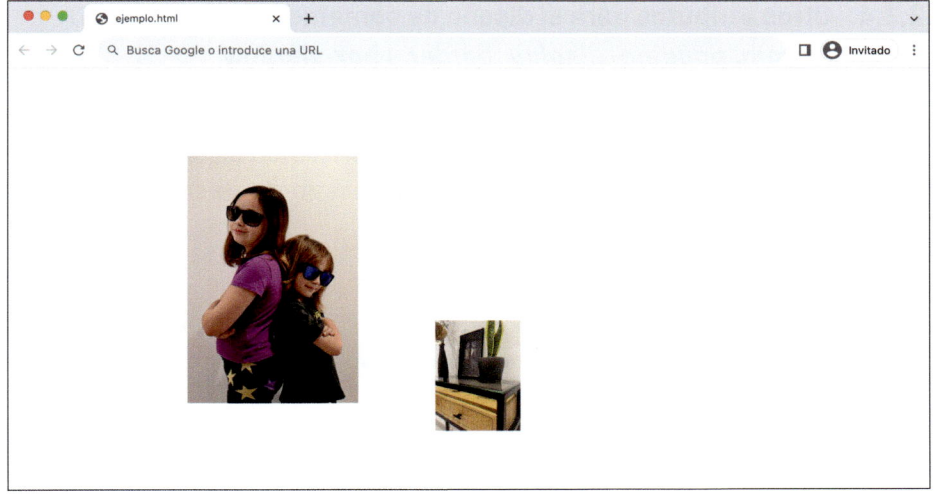

Fig. 2.11. Ejemplo de página con elementos flotantes.

El atributo *position* admite las siguientes opciones:

- *Static:* el elemento se ubicará en la posición que le corresponda en función de donde fue definida en la página web. Se dice que los elementos con este atributo no están ubicados en ninguna posición.

- *Absolute:* indica la posición absoluta del elemento con relación al elemento raíz que lo contenga. En caso de que no tenga, será en función del elemento <body>.

- *Fixed:* permite indicar la ubicación fija de un elemento con relación a la ventana del navegador web. Incluso si se utiliza la barra de *scroll,* el elemento seguirá fijo en su posición, por lo que siempre estará visible aunque nos desplacemos por la pantalla.

- *Relative:* la posición será relativa al contendor raíz y a las coordenadas indicadas.

IMPORTANTE: ¿Has visitado últimamente alguna página en la que el menú de navegación siempre aparece visible en la parte superior aunque nos desplacemos por la misma con el *scroll* del navegador? Pues eso se consigue con el atributo *position:fixed.*

2.2.4. Otros atributos para el diseño de contenidos: *margin, padding, display, border* y *box-shadow*

A la hora de maquetar los contenidos de nuestra página, aunque todos los atributos de estilos influyen en la maquetación, existen algunos que modifican la información que se muestra en las distintas zonas de contenido.

Margin

El atributo *margin* dota de margen al contenido dentro del elemento que lo contiene. Dicho margen puede ser en la parte superior, inferior, a la izquierda y/o a la derecha.

La medida del margen se expresa en píxeles, en centímetros, en pulgadas, tanto por ciento, picas, puntos o en relación al tamaño de la letra de la web (em). Permite valores negativos.

A la hora de definir el margen, podemos hacerlo de dos formas, una indicando los cuatro posibles márgenes (superior, inferior, izquierda, derecha) por separado y otra indicándolos todos en una misma regla.

```
p
    {
    margin-top: 10px;
    margin-right: 20px;
    margin-bottom: 30px;
    margin-left: 40px;
    }
```

La regla anterior sería equivalente a la siguiente:

```
p
    {
    margin:10px 20px 30px 40px;
    }
```

Veamos cómo afectaría la regla anterior a un párrafo en una página web.

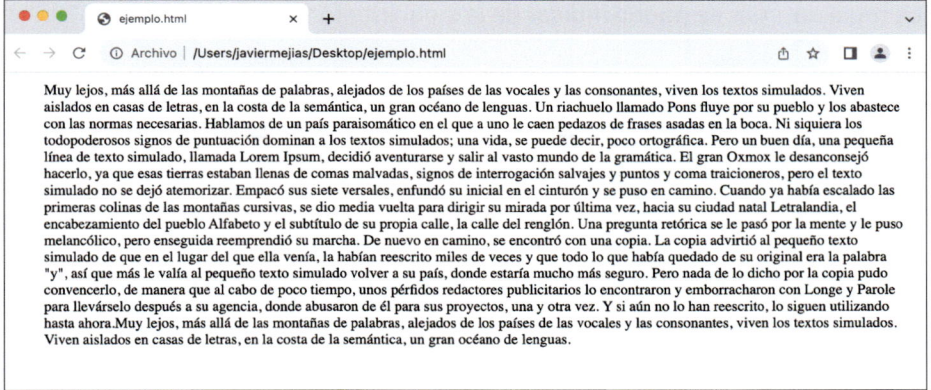

Fig. 2.12. Ejemplo de párrafo cuyo márgenes se han modificado con CSS.

Conviene señalar que no es obligatorio indicar todos los márgenes y que este atributo puede utilizarse para cualquier elemento que ocupe una posición en nuestra web.

Padding

La propiedad *padding* establece el espacio de relleno requerido por todos los lados de un elemento. El área afectada es la existente entre el elemento y su elemento contenedor. El espacio de relleno puede especificarse por arriba, por abajo, por la izquierda y/o por la derecha; no es obligatorio especificar espacio de relleno por todos lados. No permite valores negativos.

A la hora de definir este atributo, podemos hacerlo usando solo el atributo *padding,* en el cual especificaremos separadas por espacios en blanco las medidas que queremos aplicar, o con los distintos atributos *padding-top, padding-bottom, padding-left* y *padding-right.*

```
p
    {
        padding-top: 10px;
        padding-right: 20px;
        padding-bottom: 30px;
        padding-left: 40px;
    }
```

151

La regla anterior se podría indicar de la siguiente forma:

```
p
   {
   padding: 10px 20px 30px 40px;
   }
```

Podríamos definir la regla *padding* con distintas unidades de medida en la misma regla, por ejemplo:

```
p
   {
   padding: 10px 2em 5% 4cm;
   }
```

Display

La propiedad *display* es una de las más importantes para controlar las estructuras de contenido de datos. Cada elemento tiene asignado un valor de *display* por defecto, el cual suele ser *block* o *inline*.

Los posibles valores que puede tomar el atributo *display* son numerosos, aunque nos vamos a centrar en los más utilizados que son los siguientes:

- *Inline:* muestra los elementos como un elemento en línea; como por ejemplo, la etiqueta <span>.

- *Block:* muestra los elementos como un bloque; como por ejemplo, lo que ocurre con la etiqueta <p>.

- *List-item:* muestra los elementos como si se tratara de una lista; como por ejemplo, lo que ocurre con la etiqueta <li>.

Estos son los tres atributos más utilizados, pero aparte existen los siguientes: *flex, inline-block, inline-flex, compact, run-in, table-header-group, table-footer-group, table, inline-table, table-caption, table-row, table-row-group, table-cell, table-column, table-column-group*.

Visibility

El atributo *visibility* permite hacer visibles o invisibles los contenedores.

Los posibles valores que puede tomar son:

- *Visible:* indica que el elemento será visible.

- *Hidden:* indica que el elemento estará oculto.

- *Collapse:* solo se puede utilizar en tablas, y permite eliminar una fila o una columna de una tabla.

Veamos un ejemplo:

```
<html>
<head>
<meta http-equiv="Content-Type" content="text/html;
charset=UTF-8" />
   <style>
       .caja1
       {
              border:1px solid;
              width: 30%;
              height: 100px;
              visibility: visible;
              float:left;
       }
       .caja2
       {
              border:1px solid;
              width: 30%;
              height: 100px;
              visibility: visible;
              float:left;
       }
       .caja3
       {
              border:1px solid;
              width: 30%;
              height: 100px;
              visibility: hidden;
              float:left;
       }
       .caja4
       {
              border:1px solid;
              width: 30%;
              height: 100px;
              visibility: visible;
              float:left;
       }
```

```
        .caja5
        {
                border:1px solid;
                width: 30%;
                height: 100px;
                visibility: hidden;
                float:left;
        }
        .caja6
        {
                border:1px solid;
                width: 30%;
                height: 100px;
                visibility: visible;
                float:left;
        }

</style>
</head>
<body>
    <div class="caja1">Caja 1</div>
    <div class="caja2">Caja 2</div>
    <div class="caja3">Caja 3</div>
    <div class="caja4">Caja 4</div>
    <div class="caja5">Caja 5</div>
    <div class="caja6">Caja 6</div>

</body>
</html>
```

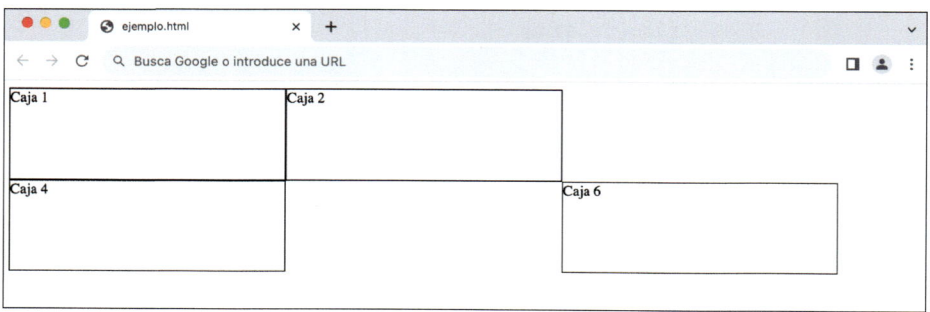

Fig. 2.13. Ejemplo de cajas visibles y no visibles.

Border

La propiedad *border* permite dibujar un borde, especificando el estilo, el tamaño y el color, en un elemento web.

```
p
{
    border-style:solid;
}
```

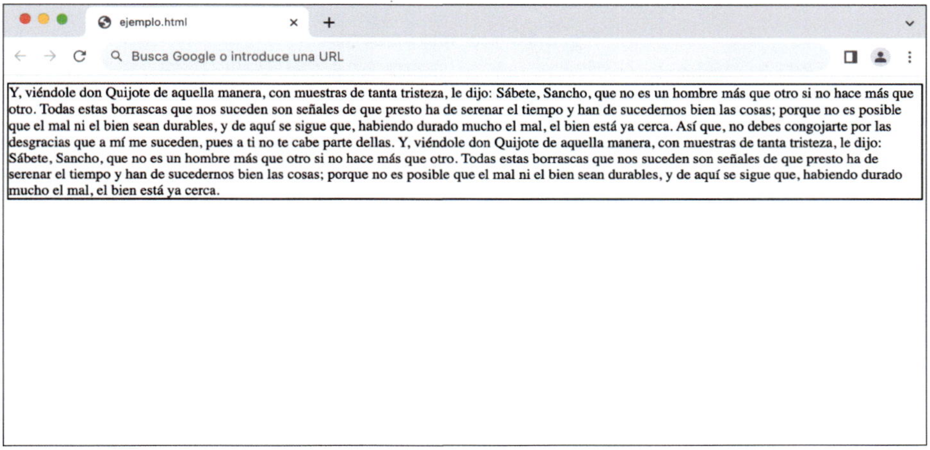

Fig. 2.14. Ejemplo de borde.

Al igual que ocurre con otros atributos, las características del borde pueden expresarse separadas por espacios en blanco utilizando el atributo *border* o bien indicando cada característica utilizando el atributo correspondiente, por ejemplo, para indicar el estilo del borde utilizaríamos *border-style*.

Para indicar el color del borde, podemos utilizar el atributo *border-color,* indicando el mismo mediante su nombre en inglés, su código en hexadecimal o su código en RGB. Por ejemplo, la regla:

```
p
{
    border-style: solid;
    border-color: aqua;
}
```

Dibujaría un borde de color *aqua* alrededor de los párrafos, que queda de la siguiente forma:

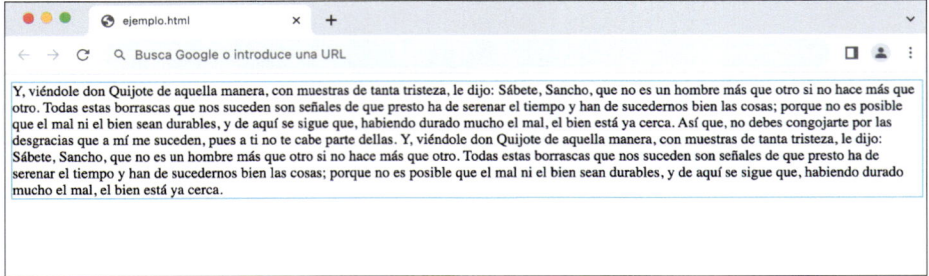

Fig. 2.15. Ejemplo de borde.

La propiedad borde permite especificar un estilo para cada uno de los cuatro bordes del cuadrilátero. Para indicar el borde que queremos modificar, basta con especificarlo. Por ejemplo, si queremos modificar el color del borde superior, utilizaríamos el atributo *border-top-color;* si por ejemplo quisiéramos modificar el color del borde izquierdo, utilizaríamos *border-left-color.*

Veamos los distintos tipos de estilos de bordes que existen:

border-style: dotted

Y, viéndole don Quijote de aquella manera, con muestras de tanta tristeza, le dijo: Sábete, Sancho, que no es un hombre más que otro si no hace más que otro. Todas estas borrascas que nos suceden son señales de que presto ha de serenar el tiempo y han de sucedernos bien las cosas; porque no es posible que el mal ni el bien sean durables, y de aquí se sigue que, habiendo durado mucho el mal, el bien está ya cerca.

border-style: dashed

Y, viéndole don Quijote de aquella manera, con muestras de tanta tristeza, le dijo: Sábete, Sancho, que no es un hombre más que otro si no hace más que otro. Todas estas borrascas que nos suceden son señales de que presto ha de serenar el tiempo y han de sucedernos bien las cosas; porque no es posible que el mal ni el bien sean durables, y de aquí se sigue que, habiendo durado mucho el mal, el bien está ya cerca.

border-style: solid

Y, viéndole don Quijote de aquella manera, con muestras de tanta tristeza, le dijo: Sábete, Sancho, que no es un hombre más que otro si no hace más que otro. Todas estas borrascas que nos suceden son señales de que presto ha de serenar el tiempo y han de sucedernos bien las cosas; porque no es posible que el mal ni el bien sean durables, y de aquí se sigue que, habiendo durado mucho el mal, el bien está ya cerca.

border-style: double

Y, viéndole don Quijote de aquella manera, con muestras de tanta tristeza, le dijo: Sábete, Sancho, que no es un hombre más que otro si no hace más que otro. Todas estas borrascas que nos suceden son señales de que presto ha de serenar el tiempo y han de sucedernos bien las cosas; porque no es posible que el mal ni el bien sean durables, y de aquí se sigue que, habiendo durado mucho el mal, el bien está ya cerca.

border-style: groove

Y, viéndole don Quijote de aquella manera, con muestras de tanta tristeza, le dijo: Sábete, Sancho, que no es un hombre más que otro si no hace más que otro. Todas estas borrascas que nos suceden son señales de que presto ha de serenar el tiempo y han de sucedernos bien las cosas; porque no es posible que el mal ni el bien sean durables, y de aquí se sigue que, habiendo durado mucho el mal, el bien está ya cerca.

border-style: ridge

Y, viéndole don Quijote de aquella manera, con muestras de tanta tristeza, le dijo: Sábete, Sancho, que no es un hombre más que otro si no hace más que otro. Todas estas borrascas que nos suceden son señales de que presto ha de serenar el tiempo y han de sucedernos bien las cosas; porque no es posible que el mal ni el bien sean durables, y de aquí se sigue que, habiendo durado mucho el mal, el bien está ya cerca.

border-style: inset

Y, viéndole don Quijote de aquella manera, con muestras de tanta tristeza, le dijo: Sábete, Sancho, que no es un hombre más que otro si no hace más que otro. Todas estas borrascas que nos suceden son señales de que presto ha de serenar el tiempo y han de sucedernos bien las cosas; porque no es posible que el mal ni el bien sean durables, y de aquí se sigue que, habiendo durado mucho el mal, el bien está ya cerca.

border-style: outset

Y, viéndole don Quijote de aquella manera, con muestras de tanta tristeza, le dijo: Sábete, Sancho, que no es un hombre más que otro si no hace más que otro. Todas estas borrascas que nos suceden son señales de que presto ha de serenar el tiempo y han de sucedernos bien las cosas; porque no es posible que el mal ni el bien sean durables, y de aquí se sigue que, habiendo durado mucho el mal, el bien está ya cerca.

Podemos también especificar el ancho del borde utilizando el atributo *border-width* seguido del grosor en píxeles, picas, pulgadas, centímetros o mediante alguna medida relativa como, por ejemplo, em.

Por ejemplo, la regla:

```
p
    {
        border-width: 20px;
        border-style: solid;
    }
```

Aplicaría el siguiente estilo:

Y, viéndole don Quijote de aquella manera, con muestras de tanta tristeza, le dijo: Sábete, Sancho, que no es un hombre más que otro si no hace más que otro. Todas estas borrascas que nos suceden son señales de que presto ha de serenar el tiempo y han de sucedernos bien las cosas; porque no es posible que el mal ni el bien sean durables, y de aquí se sigue que, habiendo durado mucho el mal, el bien está ya cerca.

Si por ejemplo quisiéramos indicar todos los atributos de la propiedad borde en una misma línea, tendríamos que hacerlo con el atributo *border* y separadas las propiedades por espacios en blanco.

Por ejemplo la siguiente propiedad:

```
p.estilosDivididos
    {
        border-style: inset;
        border-top-color: aqua;
        border-top-width: 5px;
        border-bottom-color: aquamarine;
        border-left-color: fuchsia;
        border-right-color: deepskyblue;
        border-left-width: 10px;
        border-right-width: 15px;

    }
```

Lo que provocaría el siguiente estilo en los bordes:

> Y, viéndole don Quijote de aquella manera, con muestras de tanta tristeza, le dijo: Sábete, Sancho, que no es un hombre más que otro si no hace más que otro. Todas estas borrascas que nos suceden son señales de que presto ha de serenar el tiempo y han de sucedernos bien las cosas; porque no es posible que el mal ni el bien sean durables, y de aquí se sigue que, habiendo durado mucho el mal, el bien está ya cerca.

EJERCICIO RESUELTO

1. Consigue mediante estilos el siguiente borde:

> Y, viéndole don Quijote de aquella manera, con muestras de tanta tristeza, le dijo: Sábete, Sancho, que no es un hombre más que otro si no hace más que otro. Todas estas borrascas que nos suceden son señales de que presto ha de serenar el tiempo y han de sucedernos bien las cosas; porque no es posible que el mal ni el bien sean durables, y de aquí se sigue que, habiendo durado mucho el mal, el bien está ya cerca.

Solución:

```
p
    {
        border-top-style: inset;
        border-bottom-style: dashed;
```

```
        border-left-style: groove;
        border-right-style: dotted;
        border-top-color:blueviolet;
        border-bottom-color:forestgreen;
        border-left-color:deeppink;
        border-right-color: deepskyblue;
        border-top-width: 5px;
        border-left-width: 10px;
        border-right-width: 15px;
        border-bottom-width: 5px;


    }
```

A partir de CSS3, podemos dibujar bordes con las esquinas redondeadas. Para ello, tenemos que utilizar el atributo *border-radius* y a continuación indicar el radio de la circunferencia que dibuje el borde redondeado.

Por ejemplo, la siguiente regla crearía un borde con este aspecto:

```
p
    {
        border-radius: 20px;
        border:solid 1px;
        padding:10px;


    }
```

Y, viéndole don Quijote de aquella manera, con muestras de tanta tristeza, le dijo: Sábete, Sancho, que no es un hombre más que otro si no hace más que otro. Todas estas borrascas que nos suceden son señales de que presto ha de serenar el tiempo y han de sucedernos bien las cosas; porque no es posible que el mal ni el bien sean durables, y de aquí se sigue que, habiendo durado mucho el mal, el bien está ya cerca.

Podemos especificar qué borde queremos redondear con los atributos *border-top-radius, border-bottom-radius, border-left-radius* y *border-right-radius.*

EJERCICIOS RESUELTOS

1. Consigue mediante estilos el siguiente borde. El color utilizado es # f91abc.

Y, viéndole don Quijote de aquella manera, con muestras de tanta tristeza, le dijo: Sábete, Sancho, que no es un hombre más que otro si no hace más que otro. Todas estas borrascas que nos suceden son señales de que presto ha de serenar el tiempo y han de sucedernos bien las cosas; porque no es posible que el mal ni el bien sean durables, y de aquí se sigue que, habiendo durado mucho el mal, el bien está ya cerca.

Solución:

```
p
    {
            border-radius: 20px;
            border:inset 10px #f91abc;
            padding:10px;


    }
```

2. Mediante hojas de estilo consigue dibujar los siguientes objetos:

Solución:

```
div.figura1
    {
        width: 100px;
                height: 100px;
                border-top-left-radius: 30px;
                border-bottom-right-radius: 40px;
                background: linear-
                gradient(#036eff,#ffb503);
    }
```

```
            div.figura2
            {
                    width:100px;
                    height:100px;
                    border-radius: 50px;
                    background-color: fuchsia;


            }
            div.figura3
            {
                    width:300px;
                    height: 100px;
                    border-radius: 150px;
                    background: radial-gradient(#03ff27
                    ,#f6ff03 );


            }
/*Si quisiéramos que las tres figuras se mostraran
en la misma línea, bastaría con agregar la propie-
dad float:left a cada una de las reglas anteriores.*/
```

Box-shadow

A partir de CSS3 podemos dotar de sombra a los distintos contenedores que incluyamos en nuestra web.

Si ya vimos en la sección relativa a los textos cómo añadir una sombra a un texto, ahora vamos a ver cómo podemos añadir una sombra a los contenedores de información.

```
div.sombras
    {
        width: 200px;
        height: 200px;
        background-color: orangered;
        box-shadow: 10px 10px 5px #000000;


    }
```

La regla anterior generaría el siguiente objeto en nuestra web:

El atributo *box-shadow* admite las siguientes propiedades:

- Desplazamiento horizontal de la sombra. Es obligatorio y puede indicarse en píxeles, picas, puntos, etc.

- Desplazamiento vertical de la sombra. Es obligatorio y puede indicarse en píxeles, picas, puntos, etc.

- Difuminado. Es opcional y se indica en píxeles, picas, puntos, etc.

- Tamaño de la sombra. Es opcional. Se indica en píxeles, picas, puntos, etc. Admite valores negativos.

- Color de la sombra. Es opcional. Puede indicarse mediante su color en RGB, hexadecimal o su nombre en inglés.

Los atributos van separados mediante un espacio en blanco en el mismo orden que se muestran en la tabla anterior.

EJERCICIO PROPUESTO

1. Crea una regla en CSS para conseguir un objeto como el de la figura.

Solución:

```
div{
    box-shadow: 32px 32px 11px 0px # e7a61a;
    width:100px;
    height:100px;
}
```

2.3. Identificación de la información a ubicar en la página web

Una vez tenemos nuestro diseño inicial de contenidos y el documento funcional, es importante realizar un pequeño boceto de la interfaz de nuestra página web.

La página web tendrá que tener un diseño claro, estructurado y sencillo. Es fundamental que la información que ubiquemos en nuestra página sea la necesaria, sin sobrecargar de información al usuario, ya que esto puede provocar que este se pierda en nuestra página y no consiga satisfacer los objetivos que se planteó al entrar en ella.

Podíamos hacer un símil entre nuestro proyecto web y un supermercado. Cuando entramos en un supermercado en el que los productos están desordenados y las estanterías están repletas de productos sin etiquetar correctamente, por lo general no seremos capaces de encontrar el producto que buscamos y, cuando lo encontremos, no sabremos su precio. Esto puede causarnos frustración a la hora de realizar la compra y, lo más probable es que abandonemos el supermercado con menos productos de los que queríamos obtener y con una muy mala opinión de la marca. Si por el contrario entramos en un supermercado mucho más amplio, con los productos ordenados, bien etiquetados, estanterías limpias y pasillos mucho más diáfanos, la experiencia será mucho más agradable, haciendo que el tiempo en el supermercado sea mayor y, por consiguiente, compremos productos que no teníamos pensado adquirir al entrar en el supermercado.

Nuestra página web tiene que ser como ese segundo supermercado, en el que el usuario se siente cómodo y encuentra la información sin problemas y, en caso de tener alguna duda, en todo momento pueda contactar con alguien que le aclare las dudas o, en su defecto, pueda acceder a elementos de ayuda.

Para conseguir una página así, tenemos que haber realizado una gran descripción funcional de nuestra página sin dejar ningún cabo suelto, para luego pasar a un diseño intuitivo y amigable de nuestros contenidos. Una vez hayamos hecho esto, tendremos que identificar la información que se va a ubicar en nuestra página web, de tal forma que esta sea lo más clara posible y facilite la experiencia de usuario.

Una mala identificación de la información puede hacer que el usuario se pierda en la página y termine por abandonarla. Por ejemplo, si estamos diseñando una tienda virtual, es fundamental que la información relativa a los productos se encuentre muy clara; todo lo demás es relativo para el usuario, no podemos inundarle con información superflua.

Los contenidos de nuestra web serán el escaparate de la misma de cara a los buscadores de internet. La identificación correcta de la información que se va a mostrar y una correcta estructuración de esta en nuestra web harán que nuestra página gane puntos a la hora de posicionarse mediante posicionamiento SEO frente a la competencia.

El posicionamiento SEO (*Search Engine Optimization*) es fundamental en el éxito de nuestro producto. Este consiste en mejorar la visibilidad de nuestro sitio web en los resultados orgánicos de los distintos buscadores.

2.4. Selección de contenidos para cada elemento de la página

Jakob Nielsen, que está considerado una eminencia dentro del mundo de la usabilidad web, definió una serie de normas de usabilidad a la hora de diseñar la interfaz de usuario de una página web. En función de dichas normas, las páginas web podrían dividirse en las siguientes zonas:

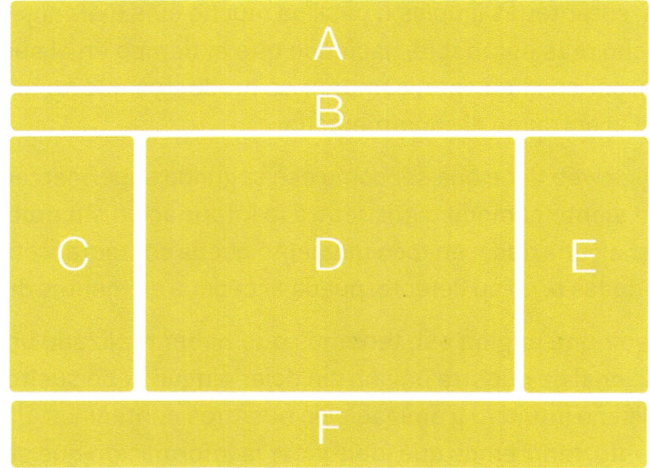

Fig. 2.16. Zonas genéricas de una página web.

Y en función del estudio de los patrones de comportamiento, el usuario espera encontrar en cada zona un elemento funcional determinado. Por ejemplo, es muy poco frecuente, si estamos ante una página con acceso restringido, que nos encontremos el menú de *login* en la zona F o, por ejemplo, en un portal traducido a varios idiomas, es muy extraño encontrarse con el menú de selección de idiomas en la zona C o E.

Estas normas de usabilidad nos facilitarán la selección de contenidos para cada zona de la página. Imaginemos que estamos ante el desarrollo de una tienda virtual en la cual hemos detectado los siguientes elementos funcionales:

1. *Menú de categorías y subcategorías*
2. *Menú principal*
3. *Zona información*
4. *Panel de* login
5. *Barra de búsqueda*
6. *Publicidad*
7. *Logotipo*
8. *Carrito de la compra*
9. *Panel de lenguaje*
10. *Paneles informativos*
11. *Pie de página*

Según Nielsen, dichos elementos deberían ubicarse de la siguiente forma para garantizar una usabilidad aceptable en nuestra web y con ella una correcta experiencia de usuario.

Zona A

La zona A, como puede verse en la siguiente figura, es la situada en la parte superior de la interfaz, y en ella se ubicarán elementos como el logotipo, el panel de idioma y el panel de *login;* suele estar exenta de molesta publicidad.

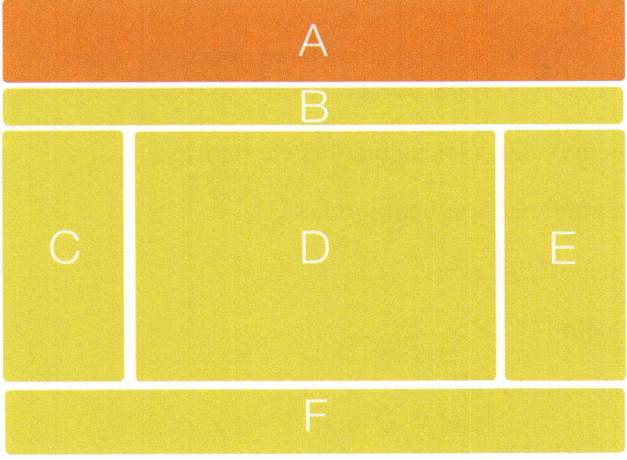

Fig. 2.17. Zona superior de la interfaz de una página web.

En esta zona se van a poder ubicar los elementos que se enumeran a continuación:

- Logotipo (7).

- Panel de *login* (4), siempre y cuando se ubique a la derecha de la zona.

- Panel de lenguaje (9).

Zona B

La zona B es la que se encuentra entre la zona de cabecera y la parte central de la interfaz.

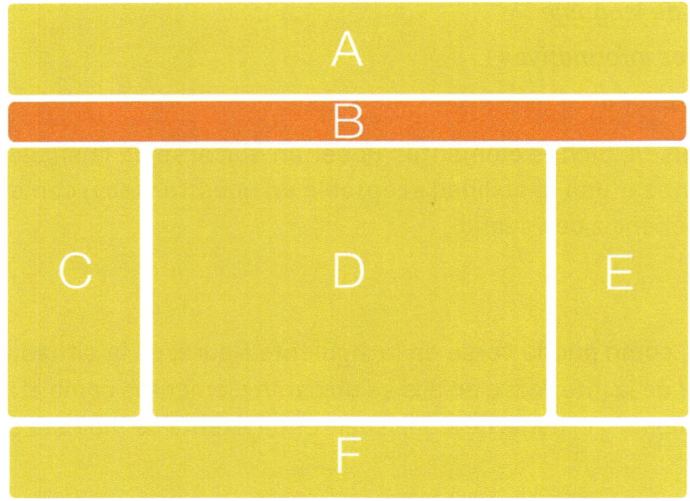

Fig. 2.18. Zona B de la interfaz de una página web.

En esta se pueden ubicar los siguientes elementos:

- Menú de categorías y subcategorías (1).

- Menú principal (2).

- Panel de *login* (4).

- Barra de búsqueda (5).

- Paneles informativos (10).

Zona C

La zona C se corresponde con el lateral izquierdo de la interfaz.

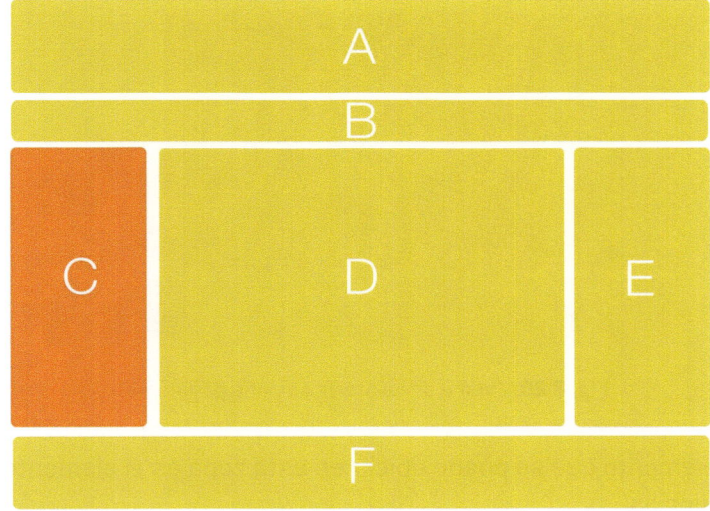

Fig. 2.19. Zona C de la interfaz de una página web.

En esta zona se van a ubicar los siguientes elementos:

- Publicidad (6).

- Menú de categorías y subcategorías (1).

- Barra de búsqueda (5).

- Paneles informativos. (10).

Zona D

La zona D se corresponde con la parte central de la interfaz, y sobre esta solo se deben de mostrar elementos informativos y nada de elementos que puedan distraer la atención del usuario, tales como publicidad o información superficial no relacionada con la tienda.

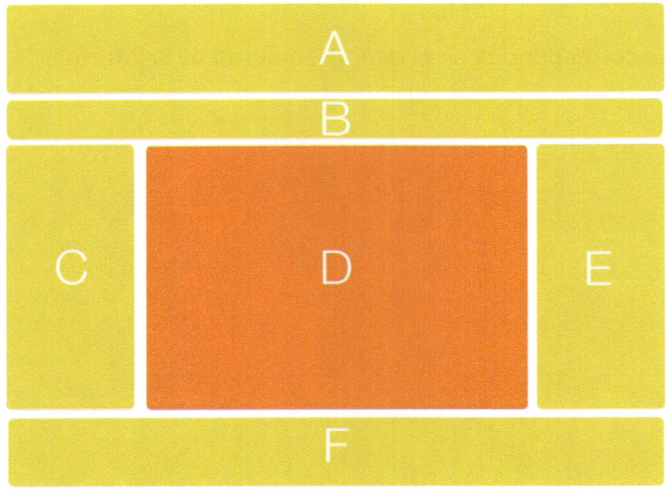

Fig. 2.20. Zona D de la interfaz de una página web.

El único elemento que se puede ubicar en esta zona es el elemento de información principal.

- Zona información (3).

Zona E

La zona E se corresponde con la situada a la derecha de la interfaz del sistema, como podemos observar en la siguiente figura:

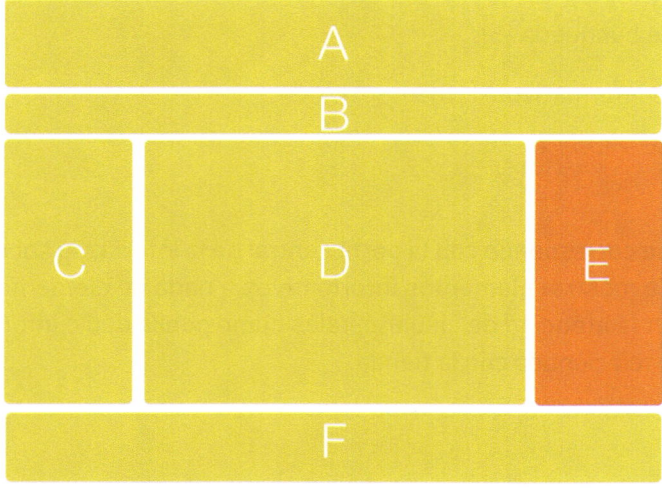

Fig. 2.21. Zona E de la interfaz de una página web.

En esta zona se pueden ubicar los siguientes elementos.

- Publicidad (6).

- Panel *login* (4).

- Paneles informativos (10).

- Carrito de la compra.

Zona F

Esta última zona se corresponde con el pie de página.

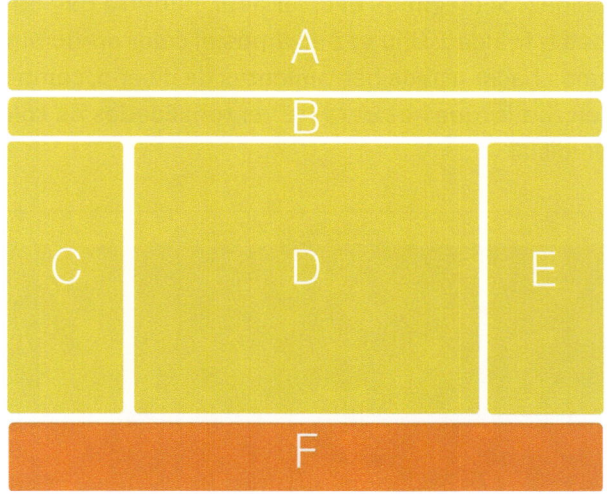

Fig. 2.22. Zona F de la interfaz de una página web.

En esta zona solamente se puede ubicar el ítem "Pie de página".

- Pie de página (11).

2.5. Utilización del documento funcional para las especificaciones del diseño

Aprovechamos estas líneas para recomendar siempre que el diseño de nuestro portal esté apoyado por el trabajo de profesionales en la materia, ya que un buen diseño puede conducir al éxito del portal. Una vez dicho esto, vamos a centrarnos en las especificaciones del diseño que tenemos que incluir en el documento funcional de nuestro proyecto.

Colores

Los colores de nuestra página web son fundamentales. No podemos elegir los colores al azar y simplemente por gustos personales. La armonía de los colores y el equilibrio hacen que un diseño sea más o menos efectivo.

Para conseguir una armonía en los colores, se recomienda utilizar colores opuestos, que son los situados en el lado opuesto de la gama cromática; colores complementarios, que son aquellos situados próximos en la gama cromática o colores de la misma gama cromática.

Dependiendo del color que elijamos, nuestra web transmitirá una u otra información. Por ejemplo, si elegimos el color naranja, nuestra página web transmitirá calidez. Si elegimos el color azul, nuestra página implicará calma, tranquilidad y frialdad. Una vez elijamos el color predominante de nuestra web, podemos hacer uso de herramientas de diseño, como por ejemplo, la web https://colorkit.io, que nos permite ver tonalidades de colores, seleccionando un color inicial.

Fig. 2.23. Aspecto de la página https://colorkit.io.

Zonas de contenido

A la hora de diseñar una web, es fundamental que identifiquemos las zonas principales en las que se ubicará información. Una vez hayamos definido las zonas principales en las que se dividirá nuestra web, ubicaremos los distintos elementos informativos en cada una de las zonas.

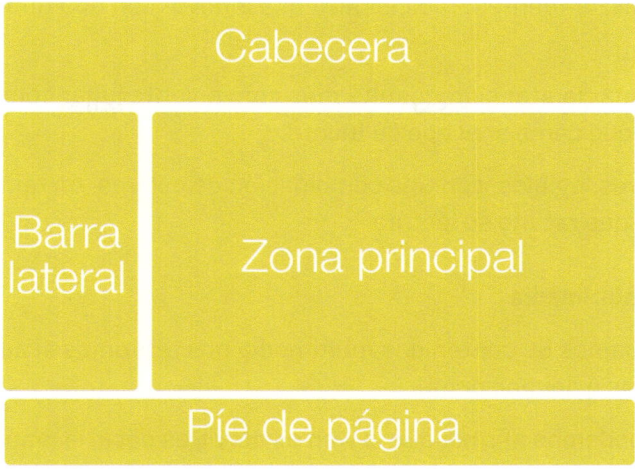

Fig. 2.24. Zonas genéricas de una web.

En la imagen anterior podemos ver un ejemplo de boceto de diseño inicial de una web. Una vez identificadas las zonas principales en las que queremos dividir nuestra interfaz, tendríamos que hacer un análisis de los distintos tipos de contenidos y, en función de las pautas de usabilidad, ubicarlas en cada una de las zonas que hemos identificado.

Tipografía

La tipografía consiste en la selección de los tipos de letra para realizar un trabajo, que en nuestro caso es el portal web.

Por encima de elegir una correcta tipografía está la importancia de no elegir una tipografía inapropiada para nuestra web. Debemos procurar elegir una letra redondeada, fácil de leer y que dé a la web un aspecto claro. En caso de no especificar una tipografía, el navegador desde el que se visualice la página web seleccionará el tipo de letra que tenga por defecto.

A la hora de seleccionar la tipografía, tenemos que tener en cuenta una serie de reglas:

- El diseño tiene que estar armonizado. Tenemos que seleccionar un tipo de letra acorde con el contexto de nuestra web.

- No utilizar más de tres tipos de letra, ya que si elegimos muchos tipos de letra transmitiremos sensación de desorden. También recomendamos que los tipos de letra utilizados pertenezcan a la misma familia.

- Mejor utilizar fuentes tradicionales que innovar con una tipografía arriesgada.

- Para llamar la atención, resulta más conveniente jugar con los tamaños de letra que cambiar el tipo de fuente.

- Usar letras legibles, con una combinación de colores, un tamaño y un espaciado que facilite su lectura.

Contenido multimedia

Cuando hablamos de contenidos multimedia nos referimos al audio, imagen, vídeos, textos y animaciones.

Hoy en día podemos afirmar que la web es móvil, es decir, la mayoría de usuarios se conecta a las páginas web a través de sus *smartphone* o *tablets.* Por este motivo, a la hora de especificar los contenidos multimedia tenemos que evitar aquellos que no aporten información necesaria, así como los que se visualizan de forma automática con tan solo acceder a la página, ya que pueden sobrecargar la conexión a internet y nuestros dispositivos móviles. Además, tenemos que asegurarnos de que la visualización de la web se adapte a las pantallas de nuestros dispositivos.

Recomendamos también no incluir música, salvo que sea necesario, ya que la mayoría de las veces el usuario no sabrá cómo desactivarla y podría llegar a ser molesta.

Si tenemos pensado añadir vídeos, tenemos que procurar que estos se encuentren alojados en servicios de vídeo en *streaming,* como YouTube o Vimeo, para evitar sobrecargar la web con archivos tan pesados. Además, tenemos que intentar que su visualización no sea automática, dejando dicha decisión en manos del usuario.

Por último, si incluimos alguna animación, debemos procurar que estas estén implementadas en HTML5+CSS3 evitando animaciones en tecnologías no consideradas estándar por el W3C, como Adobe Flash o los Applet Java.

Posicionamiento SEO

El posicionamiento SEO o posicionamiento en buscadores web es el proceso de mejorar la visibilidad de un sitio web en los resultados orgánicos de los distintos buscadores.

Conseguir un buen posicionamiento SEO involucra las fases de programación, de diseño y la definición de los contenidos.

El posicionamiento puede ser dividido en posicionamiento interno, que es aquel que se puede conseguir con actividades realizadas sobre nuestra web, y el externo, que es aquel que se consigue para mejorar las referencias de la web en otras, es decir, para mejorar el número de vínculos que existen hacia nuestra página en otras páginas web.

Dentro del posicionamiento interno, que es el que nos afecta a la hora de realizar las especificaciones de diseño, tenemos las siguientes tareas (aunque para conseguir un buen posicionamiento orgánico tenemos que tener en cuenta muchos más aspectos):

- Crear contenidos bien diseñados y de calidad.
- Realizar la estructuración y el diseño de la página web pensando en el posicionamiento.
- Que cada página tenga un título único (<title> dentro del *head*). Además, este tiene que ser lo más descriptivo posible. Por otra parte, cada página tendrá que tener una descripción lo más completa posible dentro de las etiquetas meta.
- Evitar tecnología intrusiva y no estándar.
- Añadir un mapa del sitio en nuestra web, en el que todos los vínculos funcionen a la perfección.
- Utilizar negrita y cursiva en aquellas palabras que hayamos elegido como palabras clave.
- Revisar los vínculos para que no haya ninguno roto.
- Utilizar un etiquetado correcto en la web.
- Utilizar URL *friendly,* cuyo nombre sea identificativo de la página a la que accederemos.
- Utilizar las cabeceras h1, h2 y h3 de forma adecuada.

Tener en cuenta el posicionamiento a la hora de realizar el diseño funcional de nuestra web es fundamental.

2.6. Tipos de página para la ubicación de contenidos

En función del propósito u objetivo que intentemos conseguir con nuestra página web, y en consiguiente, en función de los contenidos que tendremos, podemos clasificar los tipos de páginas web tal como se explica a continuación.

- Páginas web orientadas al comercio electrónico.

- Páginas web gubernamentales o institucionales.

- Páginas web de aplicaciones en línea.

- Páginas web informativas.

- Páginas web orientadas al contenido y *wikis*.

- Redes sociales o comunidades virtuales.

- Blog.

- Sitio de juegos electrónicos.

- Buscadores web.

Es importante señalar que podemos tener páginas web que estén formados por uno o más tipos de la lista anterior. Por ejemplo, podemos tener una tienda *online* en la que tengamos un blog informativo.

También cabe señalar que esta es una clasificación propuesta, no es la única, y entendemos que el lector puede tener en mente otra posible.

EJERCICIOS PROPUESTOS

1. Busca al menos dos páginas web reales de cada tipo.

2. Piensa y lleva a cabo el desarrollo de un documento funcional para ideas de negocio basadas en cada uno de los tipos de página indicados anteriormente.

2.7. Definición de los tipos de página con base en los contenidos y funcionalidades

En este epígrafe vamos a definir con detalle los distintos tipos de páginas que identificamos en el epígrafe anterior.

Páginas web orientadas al comercio electrónico

Son páginas en las que las empresas muestran sus productos para que los clientes puedan adquirirlos por internet. Dichos productos no tienen por qué ser físicos, pueden ser también entradas para espectáculos, bonos de belleza, etc.

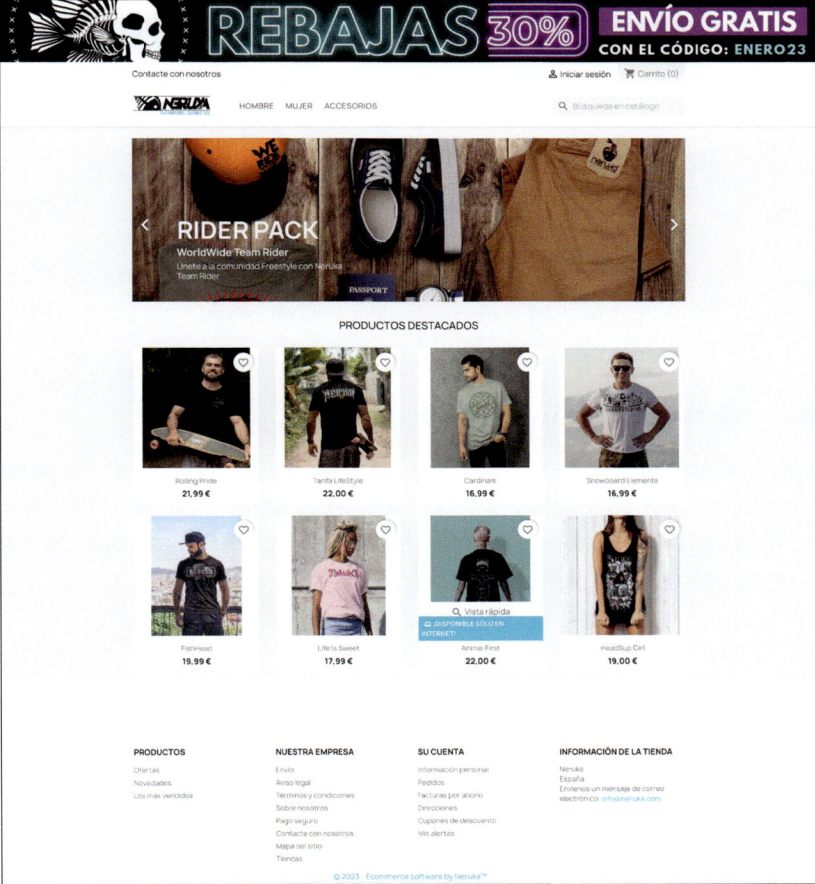

Fig. 2.25. Ejemplo de *e-commerce* (neruka.com).

Páginas web gubernamentales o institucionales

Son páginas donde se muestra información de una institución o agencia gubernamental. Generalmente se informa sobre los servicios públicos, regulaciones, normativas, etc.

Fig. 2.26. Ejemplo de página institucional.

Páginas web de aplicaciones en línea

Son páginas creadas para acceder a aplicaciones y servicios en línea sin necesidad de instalar aplicaciones en el ordenador, pudiendo estar disponible el material desarrollado desde cualquier lugar a través de un navegador web y/o *app* y una conexión a internet.

Fig. 2.27. Ejemplo de página web de aplicaciones en línea *genially*.

Páginas web informativas

Son páginas web que muestran información sobre un tema específico o producto. Suelen utilizarse por centros educativos, empresas u organizaciones sin ánimo de lucro, entre otros.

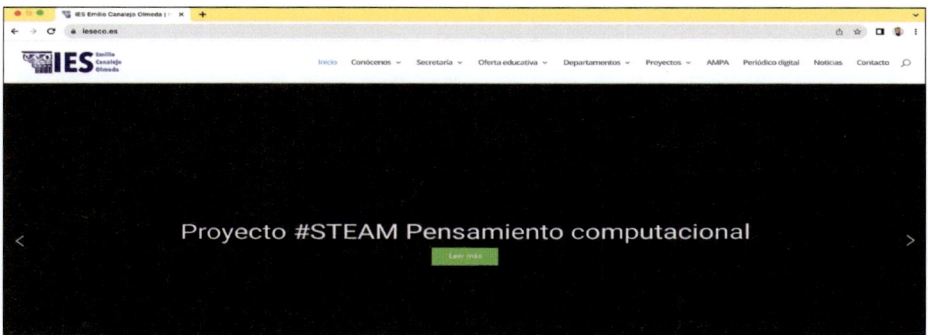

Fig. 2.28. Ejemplo de página web informativa.

Páginas web orientadas al contenido y *wikis*

En las páginas orientadas al contenido su producto es su contenido. Dentro de este grupo de páginas, se incluirían los periódicos digitales y servidores de *streaming* como YouTube (véase que esta es una posible clasificación de tipos de páginas web, pero el lector podrá tener en mente otro tipo de clasificación, igualmente válida).

Los wiki son páginas cuyo contenido puede ser editado directamente por el usuario, sin conocimientos en programación web. El ejemplo de *wiki* más conocido es Wikipedia.

Fig. 2.29. Ejemplo de *wiki,* la Wikipedia.

Redes sociales o comunidades virtuales

Este tipo de páginas tiene como objetivo el intercambio de información entre sus usuarios. Pueden ser temáticas, en las cuales los usuarios interactúan con un objetivo en común, o genéricas. El ejemplo más destacado en esta categoría lo encontramos en Facebook.

Fig. 2.30. Ejemplo de red social: Facebook.

Blogs

Un blog es una página web en la que se publican historias y se muestran al usuario en orden cronológico, siendo la primera que aparece la más nueva.

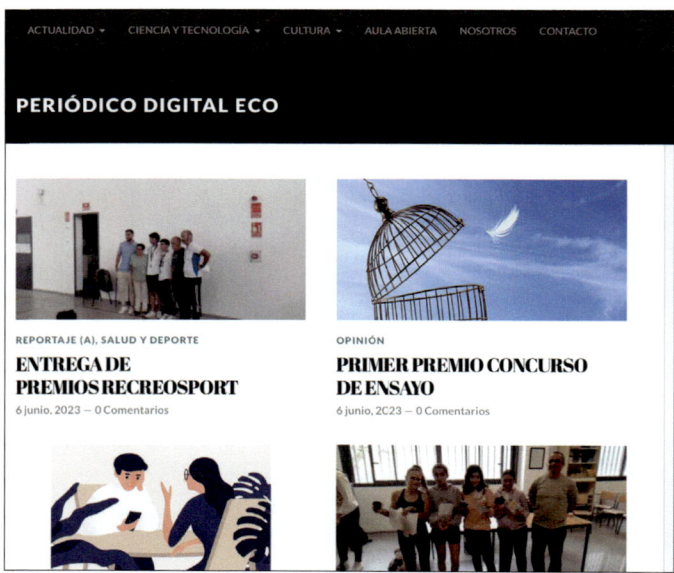

Fig. 2.31. Ejemplo de blog. Periódico digital del IES Emilio Canalejo Olmeda (Montilla).

Sitio de juegos electrónicos

Dentro de los portales de juegos, podemos diferenciar dos grandes tipos:

- Juegos de azar: los cuales están prohibidos para menores de 18 años, ya que son portales en los que el usuario puede realizar apuestas económicas y, por tanto, perder dinero; pudiendo incluso desarrollar una adicción al juego.

- Generales: son portales donde tienen cabida juegos de cualquier tipo en los que no se hagan apuestas económicas.

Fig. 2.32. Ejemplo de casino *online*. (Recordamos que el juego es muy adictivo, por lo que juega con responsabilidad solo si eres mayor de edad ;)).

Buscadores web

Un buscador web es un sistema informático que busca páginas web que correspondan con un patrón de búsqueda introducido por el usuario. Uno de los buscadores web más utilizados es Google.

Fig. 2.33. Ejemplo de buscador web.

2.8. Selección de los tipos de páginas para la página web

En función del tipo de página web que vayamos a desarrollar, tendremos una serie de páginas (o elementos de página) que será necesario diseñar e implementar de cara a la obtención del producto final.

De forma genérica, la mayoría de páginas web debería contar con los siguientes elementos:

Página de contacto

Es fundamental que el usuario pueda contactar con la empresa, marca, servicio, etc., a través de su página web. Por estos motivos, es muy importante que la información de contacto esté visible y que la página disponga de una pantalla con todos los datos de contacto, incluso es recomendable la existencia de un formulario de contacto.

La retroalimentación por parte de los usuarios es fundamental.

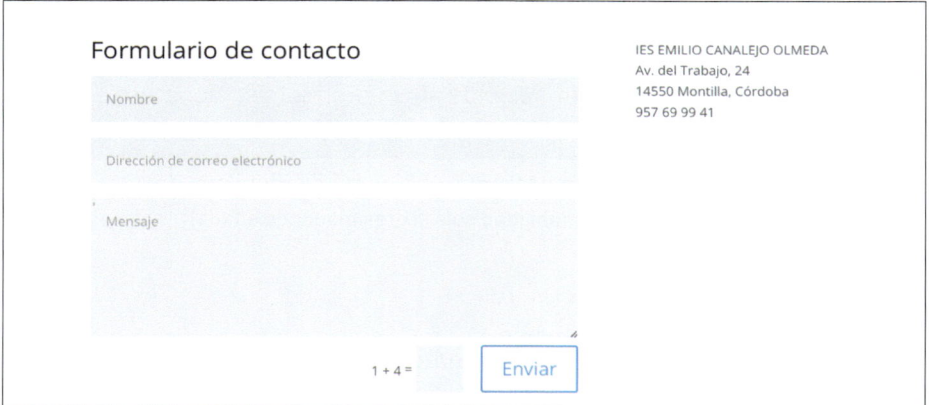

Fig. 2.34. Ejemplo de página de contacto.

Buscador

La mayoría de los usuarios acceden a la web en busca de información. Si la estructura de la web no es clara o la información es muy extensa, se recomienda la ubicación de un buscador dentro de la web para que el usuario pueda realizar búsquedas internas.

Fig. 2.35. Ejemplo de buscador.

Cabecera

La cabecera es fundamental, ya que es la primera parte que ve el usuario al acceder a la página. En esta se deben ubicar el logotipo de la empresa, la selección de idiomas, las opciones de *login,* etc.

Fig. 2.36. Ejemplo de cabecera.

Pie de página

El pie de página es muy importante, en él se suelen incluir opciones de contacto, vínculos a las redes sociales, subscripciones a RR SS, accesos directos, derechos de autor, información sobre la empresa que ha diseñado el portal, etc.

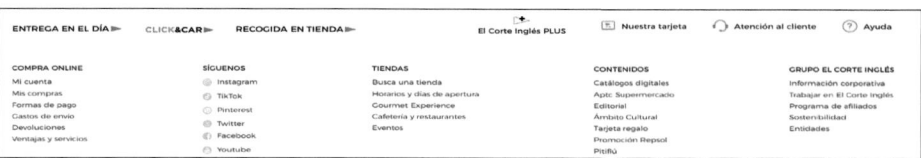

Fig. 2.37. Ejemplo de pie de página.

Menú

Es fundamental en cualquier página web, incluso en aquellos portales que estén formados por una única página. Permite movernos por toda la página y volver al punto de inicio.

Los menús tienen que ser claros y ordenados para facilitar la navegación del usuario por la página.

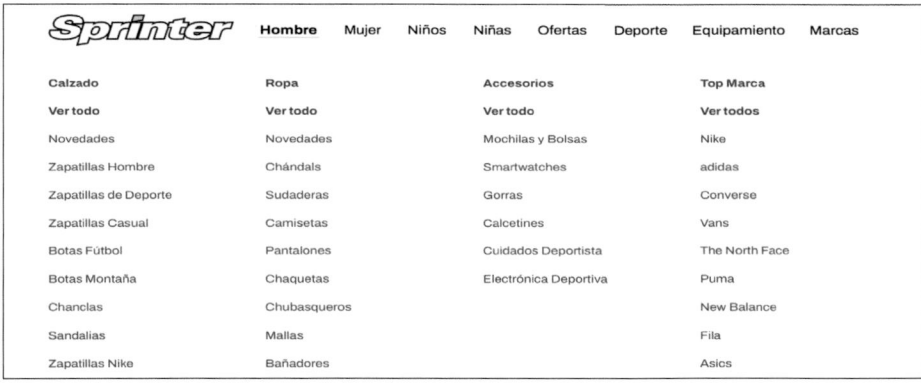

Fig. 2.38. Ejemplo de menú.

Breadcrumbs

También conocido como "migas de pan", es una técnica de navegación que indica el recorrido seguido para llegar a la página en la que nos encontramos y la forma de regresar. Su nombre proviene del cuento infantil de *Hansel y Gretel*, en el que los protagonistas arrojaban migas de pan para saber cuál era el camino de regreso.

Camisetas Running Hombre 777 artículos
Home · Running · Ropa running · Camisetas · **Hombre**

Fig. 2.39. Ejemplo de *breadcrumbs*.

Mapa web

El mapa web muestra la estructura de nuestra web. En él se pueden visualizar todas las páginas web que conforman el portal. Puede ayudar tanto en la planificación inicial del desarrollo web, como a los visitantes de nuestra web, una vez esté implementada.

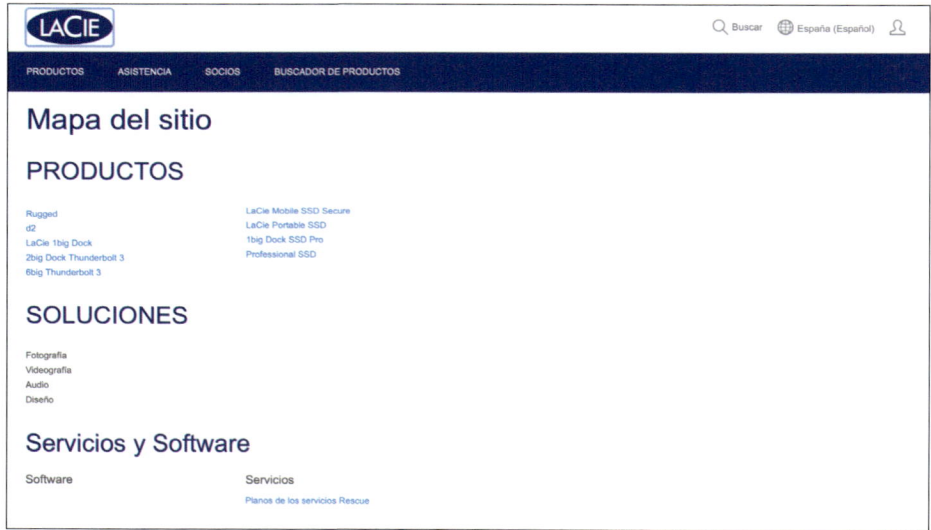

Fig. 2.40. Ejemplo de mapa del sitio de la web Lacie.

Publicidad

Si una de las fuentes de ingreso económico de nuestro proyecto va a ser la publicidad, tenemos que tenerla en cuenta desde el momento inicial de desarrollo, ya que tendremos que dejar zonas para tal objetivo de tal forma que la publicidad sea lo menos molesta para los visitantes de nuestra página.

Login

En aquellas páginas cuya información esté restringida a los usuarios, será necesaria una página de *login,* en la cual el usuario pueda introducir su nombre
de usuario y su contraseña, y acceder al sistema como usuario registrado.

Si el usuario puede darse de alta en la página, será necesario también diseñar
una página de registro.

Fig. 2.41. Ejemplo formulario *login.*

Cesta de la compra

La cesta de la compra es un elemento que estará presente en las tiendas *online.*
Si nuestra aplicación va a ser una tienda virtual, tenemos que tener presente el
diseño y desarrollo de una cesta de la compra en la cual el usuario pueda ver los
productos que va a comprar e información sobre el proceso de venta.

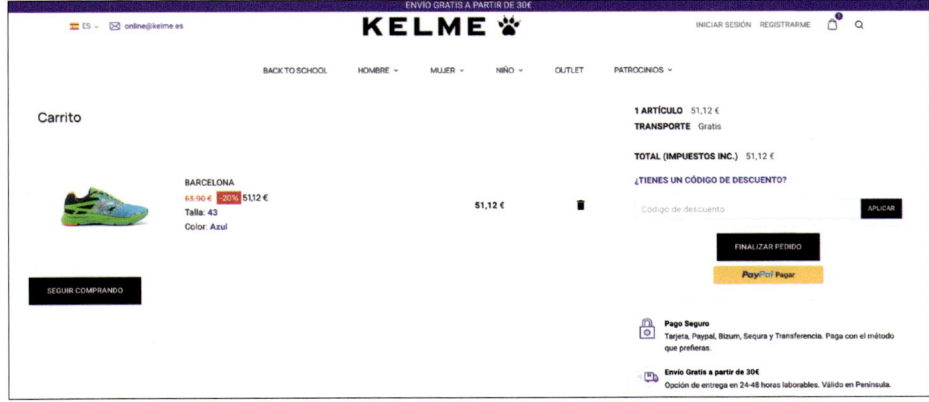

Fig. 2.42. Ejemplo de carrito de la compra.

2.9. Utilización del documento funcional para las especificaciones del tipo de página

Como ya hemos explicado con anterioridad, el documento funcional es un documento escrito y con un alto grado de detalle en el que se hace el análisis inicial de la web que queremos construir para que luego los desarrolladores web hagan su trabajo basándose en dicho documento. Debido a que el documento funcional suele estar escrito por equipos de trabajo diferentes a los que luego llevaran a cabo la implementación *software,* es necesario que el nivel de detalle del mismo sea muy elevado.

Una vez que estén detallados toda la funcionalidad de la web y los objetivos que queremos alcanzar con su desarrollo, tendremos que identificar qué tipo de página, o tipos, vamos a necesitar desarrollar. La especificaciones de dichos tipos de páginas, así como los distintos componentes que la formarán, tendrán que ir en dicho documento.

Es fundamental que hagamos un análisis detallado de los componentes que van a componer nuestra web, así como del tipo de páginas que la van a formar. Es conveniente recordar que las páginas web no son de un único tipo. Por ejemplo, podemos tener una tienda virtual que contenga a su vez un blog y una sección informativa.

Si el portal que vamos a desarrollar es muy complejo y amplio, será necesario dividir el problema en subproblemas de menor envergadura, o lo que es lo mismo, hacer una división estructurada de nuestro portal y diseñar cada parte por separado, pero teniendo en cuenta que forman parte de un todo.

EJERCICIO PROPUESTO

1. Imagina que un cliente diseña una marca de ropa. Realiza el análisis funcional completo de la web para vender sus productos por internet. Incluye todas los tipos de páginas que consideres oportunos.

2.10. Especificaciones de navegación

Uno de los objetivos básicos de la web es que permite a los usuarios moverse por las diferentes secciones que forman un sitio web, así como por los millones de páginas web que existen alrededor de todo el mundo.

La cantidad de sitios web, un portal mal diseñado y un exceso de información puede provocar que el usuario termine perdido. Nielsen, en su libro *Usabilidad. Diseño de sitios web,* hacía referencia a este fenómeno y decía que un usuario podía sentirse perdido cuando:

- No sabe dónde está.

- No sabe de dónde viene.

- No sabe a dónde tiene o puede ir.

Estas pérdidas por parte del usuario se han intentado solucionar mediante la implementación de sistemas de navegación, los cuales fueron clasificados en cuatro tipos, que explicamos a continuación:

- **Sistemas de navegación jerárquicos:** se utilizan en aquellas páginas que tienen una estructura jerárquica. Desde la página de inicio, se ofrece acceso a cualquier página ubicada en los niveles inferiores, y desde estas, a sus propios subniveles. En todo momento el usuario puede subir a una página que ocupe una posición superior en la jerarquía.

- **Sistemas de navegación globales:** son aquellos sistemas de navegación que nos permiten acceder a cualquier página de nuestra web, independientemente de la posición que ocupe en la estructura jerárquica. Este tipo de menú tiene que estar muy bien definido para evitar enlaces rotos que no conduzcan a ningún sitio.

- **Sistemas de navegación locales:** se utilizan para páginas muy extensas. Consisten en incluir vínculos a zonas de la misma página. Las pautas actuales de diseño web han provocado que este tipo de sistema de navegación se utilice mucho en las páginas conocidas como ONE PAGE.

- **Sistemas de navegación *ad hoc:*** son aquellos sistemas de navegación que no tienen cabida en ninguno de los grupos anteriores. Este tipo de sistema de navegación se suele dar dentro de los mismos textos, por ejemplo, cuando hacemos referencia a un autor y utilizamos su nombre para crear un vínculo a una web informativa sobre él.

2.11. Creación de un mapa de navegación de páginas

Un mapa de navegación es una representación gráfica en el que se muestran los principales conceptos de nuestra web y las interrelaciones que existen entre ellos. A la hora de implementar el mapa de navegación, el usuario podrá acceder a las distintas páginas a partir de conceptos o palabras clave.

Los mapas de navegación se crearon para evitar que los usuarios se sintieran perdidos en nuestro portal de información y facilitaran el proceso de exploración. Por otra parte, nos permite organizar la información de nuestra página web según conceptos.

Existen varios tipos de mapas de navegación, pudiendo clasificare en los siguientes grupos:

- **Lineal**
- **Lineal en estrella**
- **Jerárquica**
- **No lineal**
- **Compuesta**
- **Múltiple**

A la hora de crear un mapa de navegación es conveniente crear un listado de los conceptos clave que se manejan en nuestra página. Una vez identificados dichos conceptos, tendríamos que crear un grafo en el que se muestren cómo están relacionados dichos conceptos. Por último, tendríamos que ver qué páginas web estarán relacionadas con cada uno de los conceptos.

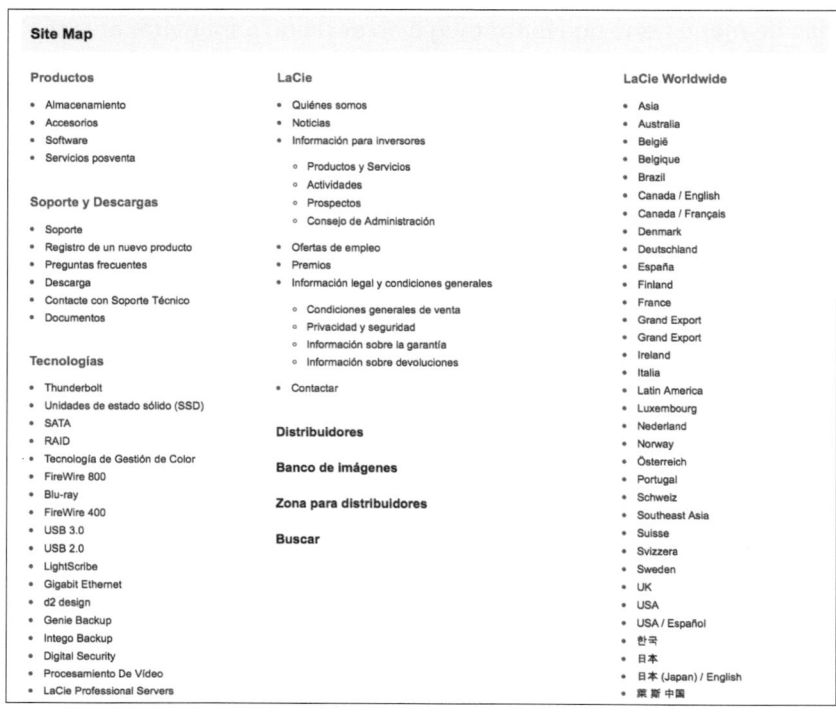

Fig. 2.43. Ejemplo de *site map.*

Además de los mapas de navegación de páginas, los cuales nos permiten movernos por la web mediante conceptos, existen los diagramas de navegación.

EJERCICIO PROPUESTO

1. Elabora un mapa de navegación para un portal de una empresa imaginaria de desarrollo *software,* servicio técnico informático, venta de móviles y diseño gráfico.

2.12. Utilización del documento funcional para integrar el mapa de navegación

La elaboración detallada y minuciosa del mapa de navegación es fundamental para que nuestra web esté perfectamente estructurada mediante conceptos.

En el documento funcional tenemos que incluir un esquema detallado del mapa de navegación, a partir del cual se construirá la estructura de la web.

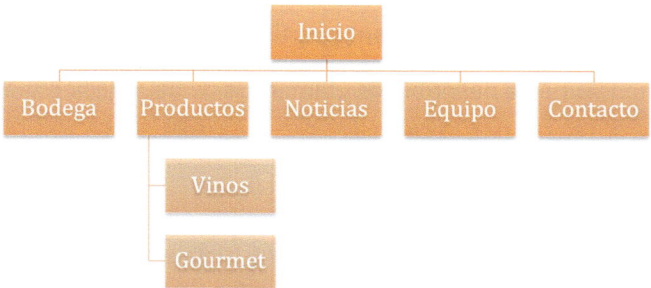

2.13. Elementos utilizados para la navegación

Los elementos de navegación sirven para evitar que el usuario se pierda en nuestra web, de forma que sepa en todo momento dónde se encuentra, hacia dónde puede dirigirse y de dónde vino.

Además de los elementos de navegación existentes, recomendamos que siempre exista un vínculo de retorno a la página de inicio, esto servirá de vía de escape cuando el usuario no sepa dónde se encuentra y comience a agobiarse en nuestra página.

Como ya vimos en otro epígrafe, en función de las pautas de diseño marcadas por Nielsen para conseguir una alta usabilidad en la web, los elementos de navegación deben ubicarse en zonas muy visibles y que faciliten su acceso. Por lo general, estas zonas son las que se muestran en naranja en la siguiente imagen (B y C).

Fig. 2.44. Zonas donde se puede ubicar en función de los principios de usabilidad un menú de navegación en una web.

2.13.1. Definición de los elementos utilizados para navegar

A continuación vamos a describir los elementos de navegación más utilizados.

Barra de navegación

Las barras de navegación, por lo general, suelen ejercer de menú principal, y están formadas por un conjunto de enlaces textuales o gráficos, generalmente con animaciones, que permiten acceder a las distintas secciones de nuestra web.

Si la barra de navegación contiene submenús, tenemos que hacer mucho hincapié en la usabilidad de estos, y que cuando se desplieguen la página no pierda funcionalidad porque bloqueen algún elemento interactivo de la web. También es recomendable que los menús desplegables aparezcan al hacer clic, ya que, si solo aparecen al pasar el cursor por los mismos, esta funcionalidad en los dispositivos táctiles no está disponible.

Fig. 2.45. Ejemplo de barra de navegación.

Menús auxiliares

Los menús auxiliares son aquellos que aparecen al entrar en una sección determinada de la web, a la cual hemos accedido generalmente a través de la barra de navegación principal.

Por ejemplo, en la página de Apple, al entrar en la sección del Apple Watch nos aparece un menú auxiliar relacionado con dicho *gadget* que no aparece en la página principal.

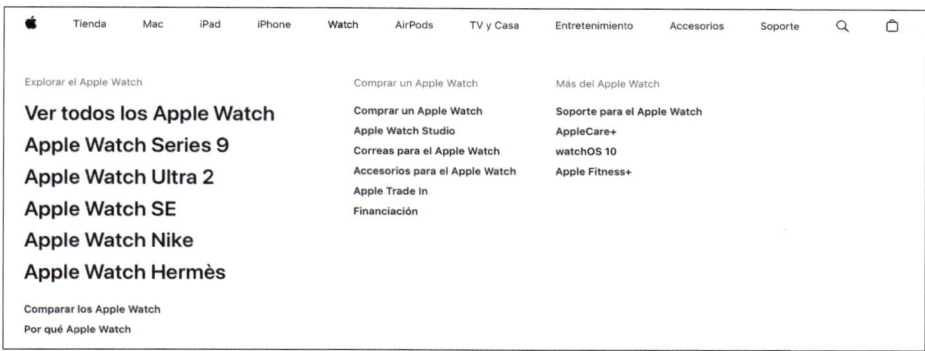

Fig. 2.46. Ejemplo de menú auxiliar.

Breadcrumbs

Como ya vimos anteriormente cuando mencionábamos los elementos que debía tener una página web, las breadcrumbs o "migas de pan" son un elemento de navegación en diseño web que muestra la ruta recorrida por el usuario desde la página de inicio hasta la página actual. Nos permite ver a simple vista la estructura jerárquica de la web y ayuda al usuario a saber dónde se encuentran en relación con la estructura general del sitio web.

Fig. 2.47. Ejemplo de *breadcrumbs*.

Pie de página

El pie de página, como su propio nombre indica, es una zona ubicada al final de la página web en la cual se suele incluir información adicional, la cual, por lo general, suele ser importante y suele estar más relacionada con la marca y/o empresa que con los productos de la web.

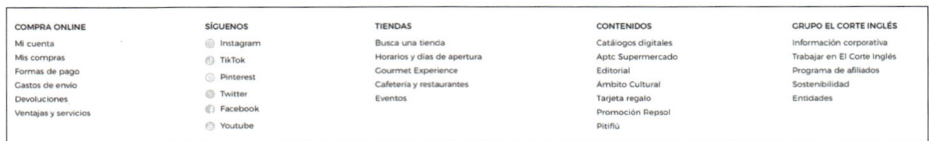

Fig. 2.48. Ejemplo de pie de página.

Buscador

El buscador es una herramienta de gran ayuda en la web, ya que nos permite de forma rápida y sencilla acceder a la información que buscamos.

Es fundamental que el buscador esté ubicado en una zona accesible y que los resultados de la búsqueda sean los correctos, ya que un buscador sin implementar correctamente puede producir el efecto contrario.

Fig. 2.49. Ejemplo de buscador.

Mapa web

El mapa web muestra la estructura de nuestra web agrupada por conceptos y palabras clave. Como si de un índice de contenidos se tratara, en el mapa web se pueden ver todos los productos, conceptos y términos que maneja nuestra web y acceder a ellos de forma directa.

Fig. 2.50. Ejemplo de mapa web.

FAQ

Acrónimo del inglés *Frequently Asked Questions* consiste en una lista de preguntas y respuestas que pueden surgir a los usuarios de la página web.

Las preguntas frecuentes actúan como un breve manual de ayuda en línea.

2.13.1.1. Elaboración de menús con CSS

La mayoría de páginas web contienen una barra de navegación horizontal o vertical que constituye el menú principal. Con HTML y CSS podemos conseguir vistosos menús de navegación, lo que enriquecerá la experiencia de usuario.

Vamos a ver un ejemplo de cómo se puede crear un menú con esta tecnología y luego veremos dos propiedades de CSS3 que ayudan a dar efectos visuales a las páginas web y se pueden utilizar a la hora de elaborar menús.

A la hora de crear el menú, lo primero que tenemos que hacer es crear una lista de elementos en HTML con *ul* y *li* de tal forma:

```html
<div id="header">
   <ul class="nav">
        <li><a href="">Inicio</a></li>
        <li><a href="">Productos</a>
            <ul>
                <li><a href="">Ordenadores</a></li>
                <li><a href="">Moviles</a></li>
                <li><a href="">Tablet</a></li>
                <li><a href="">Consumibles</a>
                    <ul>
                        <li><a href="">Tinta</a></li>
                        <li><a href="">DVD</a></li>
                        <li><a href="">CD</a></li>
                        <li><a href="">Memorias</a></li>
                    </ul>
                </li>
            </ul>
        </li>
        <li><a href="">Servicios</a>
            <ul>
                <li><a href="">Diseño web</a></li>
                <li><a href="">Desarrollo móvil</a></li>
                <li><a href="">Servicio técnico</a></li>
                <li><a href="">Formación</a></li>
            </ul>
        </li>
        <li><a href="">Contacto</a></li>
   </ul>
</div>
```

Una vez tenemos creado el menú con los submenús mediante listas no orde-
nadas, vamos a crear las reglas de estilo CSS que nos permitirán darle la funcionalidad y el aspecto deseado.

```css
#header {
    margin:auto;
    width:500px;
    font-family:Arial, Helvetica, sans-serif;
    }

ul, ol {
    list-style:none;
    }

.nav > li {
    float:left;
}

.nav li a {
    background-color:#ffc412 ;
    color:#fff;
    text-decoration:none;
    padding:10px 12px;
    display:block;
    }

.nav li a:hover {
    background-color:#fddb72 ;
    }

.nav li ul {
    display:none;
    position:absolute;
    min-width:140px;
}

.nav li:hover > ul {
    display:block;
    }

.nav li ul li {
    position:relative;
    }

.nav li ul li ul {
    right:-140px;
    top:0px;
}
```

El menú con submenús quedaría de la siguiente forma:

Fig. 2.51. Ejemplo de menú creado con CSS.

Y al pasar el ratón por encima de las distintas opciones, podríamos ver cómo se despliegan los submenús.

Fig. 2.52. Ejemplo de menú creado con CSS.

2.13.2. Utilización del documento funcional para especificar los elementos de navegación

En el documento funcional debemos especificar todos los elementos de navegación que vamos a incluir en nuestro sistema de información.

En el caso de los menús, tenemos que hacer un estudio detallado para evitar que a la hora de la implementación no cumplan su cometido, y en lugar de ayudar al usuario a interactuar con la web, consigan perderlo en una maraña de información.

Se tendrán que describir de forma detallada, aun sabiendo que durante la fase de implementación es muy posible que se tengan que hacer modificaciones en el diseño inicial, por decisiones de última hora o por posibles funcionalidades que no se tuvieron en cuenta en el instante inicial.

2.14. Elaboración de una guía de usuario

Una guía de usuario es un documento técnico destinado a dar asistencia a las personas que vayan a utilizar nuestro sitio web.

Generalmente las guías de usuario suelen realizarse de productos electrónicos.

Una guía de usuario debe contar con las siguientes secciones:

1. Portada informativa.
2. Descripción del sistema informático.
3. Objetivos de la web.
4. Novedades con respecto a la última versión del manual.
5. Estructura de la página principal.
6. Estructura de las páginas secundarias.
7. Posibles transacciones a realizar a través de nuestra web.
8. Una sección de preguntas frecuentes.
9. Dónde encontrar más ayuda.

Por lo general, las guías de usuario deben ser fáciles de entender y claras. Se recomienda utilizar capturas de pantalla y documentos gráficos como complemento a las explicaciones textuales.

Las guías de usuario tienen que ser una ayuda y no convertirse en un problema para el usuario que las consulte. Aunque si nuestro portal ha sido diseñado con base en las pautas de usabilidad marcadas por expertos en la materia y contiene con elementos de navegación apropiados, lo normal es que los usuarios no necesiten utilizar una guía para poder navegar por nuestra página web. Steve Jobs decía que si un dispositivo estaba bien diseñado, no sería necesario un manual de instrucciones.

Bibliografía

Libros

- Fernández Casado, Pablo E. *Diseño de páginas web con HTML y CSS.* Edición 26/05/2023. Ra-Ma. 246pp. ISBN 9788419857422.

- Krug, Steve. *No me hagas pensar,* Edición 24/09/2015. Anaya Multimedia. 208 pp. ISBN 9788441537279.

- Nielsen, Jacob *et al. Usabilidad. Prioridades en el Diseño Web.* 1ª edición. 2006. Anaya Multimedia. 384 pp. ISBN 9788441520929.

Páginas web

- https://www.w3schools.com/css/ Tutorial *online* de CSS. Último acceso septiembre de 2023.

- https://developer.mozilla.org/es/docs/Web/CSS Tutorial de CSS de Mozilla. Último acceso septiembre de 2023.

- https://desarrolloweb.com/home/css Artículo sobre CSS de la web desarrolloweb.com. Último acceso septiembre de 2023.

Otros documentos

- Garay Fernández, R; Moscoso Fernández, J. A. "Diseño y desarrollo del portal RedEspecial aplicando normativas de usabilidad y accesibilidad en la Web". Proyecto fin de carrera Ingeniería Técnica en Informática de Sistemas. Universidad de Córdoba. Escuela Politécnica Superior. Córdoba 2006.